U0583745

共生理论视角下

苗族

传统生态消费文化研究

梅 军 包龙源 著

**Research on Miao Ethnic's
Traditional Ecological Culture:
From the Perspective of Symboiosis Theory**

社会科学文献出版社
SOCIAL SCIENCES ACADEMIC PRESS (CHINA)

前　言

在消费控制了人的全部生活的时代，人们一方面享受着丰富的物质财富，另一方面也在承受着消费异化的痛苦。法国后现代主义理论家鲍德里亚在《消费社会》中认为："我们处在'消费'控制着整个生活的境地。……但消费世纪既然是资本符号下整个加速了的生产力进程的历史结果，那么它也是彻底异化的世纪。……消费并不是普罗米修斯式的，而是享乐主义的、逆退的。它的过程不再是劳动和超越的过程，而是吸收符号及被符号吸收的过程。……在消费的特定模式中，再没有先验性，甚至没有商品崇拜的先验性，有的只是对符号秩序的内在。……在消费的几何场所，在那里个体不再反思自己，而是沉浸到对不断增多的物品/符号的凝视中去，沉浸到社会地位能指秩序中去等等。在那里他不再反思自己，他沉浸于其中并在其中被取消。消费的主体，是符号的秩序。"① 今天的人们被相当显著的消费与富裕所包围，通过消费建构身份、建构自身及建构与他人的关系，消费文化成了身份和地位的识别代码，在衣食住行等日常生活中炫耀性高消费现象不胜枚举。这种以符号消费、炫耀性消费为特征的消费主义文化不断冲击着人们的消费观念和生活方式，导致了社会资源的大量浪费和生态环境的严重破坏，制造了大量的消费垃圾，浪费了有限的自然资源，最终会摧毁人类生存的根基。

---

① 〔法〕鲍德里亚：《消费社会》，刘成富、全志钢译，南京：南京大学出版社，2000 年，第 224 ~ 226 页。

基于人类社会可持续消费的需要，人们不得不开始反思消费主义文化理念，提出一种新型的、与生态文明建设相契合的消费文化理念，即生态消费文化。生态消费文化提倡节约、注重质量、追求生态环保、维护社会公平、实现和谐消费。它要求人们合理节制生活需求，坚决摒弃自然资源取之不尽、用之不竭的错误认识，杜绝任性式消费，养成良好的生态消费习惯。人类的消费实践活动与人类赖以生存的自然环境息息相关，建立与生态文明相适应的消费模式要求人们不能肆意妄为地凌驾于自然之上，任性式、掠夺式消费自然资源。如果任性地把自然资源消耗殆尽，自然环境势必急速恶化，最终受害的还是人类自己。

苗族传统生态消费文化是苗族人民在长期改造自然、利用自然，谋求可持续生存与发展的过程中所形成的以尊重自然、尊重生命、尊重他人为前提的生产生活消费理念或规范。对于苗族传统生态消费文化，人们如果认真反思就会看到，恰恰是消费主义主宰造成了众多"为消费而消费"这一异化消费的现象。过度的、奢靡性消费浪费着有限的自然资源，造成人类生活在空气、水源、食品受到污染的环境里。苗族传统生态消费文化与消费主义不同，正是苗族以尊重自然、尊重生命、尊重他人为前提的生产生活消费理念或规范保护了苗族世世代代的生活传统。因而在苗族聚居地区，总是青山隐隐，绿水荫荫，花开遍山野，鱼游满溪涧，歌声响山寨。苗族人民的生活景象就如德国诗人荷尔德林说的那样，"栖居在此大地上的人，充满劳绩，然而却诗性地栖居"。

苗族具有悠久的历史文化，就人与自然的和谐共生关系而言，苗族先民曾给出过极具智慧的诠释，并将共生观念付诸实践行为，且形成了一套比较稳定的苗族传统生态消费文化。基于此，本研究以苗族传统生态消费文化为主题，在"共生"主调下，从文化共生逻辑、共生实践和共生规范三个维度深入探讨隐藏在民族传统文化深层意义背后的生态消费文化，并在此基础上分析生态文明社会的构建路径。

苗族传统生态消费文化是苗族传统文化和智慧的映射，传统文化指导和影响着苗族人的生态消费行为，在人们与自然发生关系时起到关键性规范作用，成为苗族人的行动逻辑和共生规范。深层意义上，苗族传统生态消费文化源于苗族民间宗教信仰，苗族民间宗教信仰使苗族人与自然和谐共生。这套文化系统不仅对苗族人民的消费行为起到积极的引导作用，对我国生态治理也极具借鉴价值。当下的生态文明社会的建构，除了挖掘传统智慧，使其成为共生实践中的共生规范外，还需强化具有共生功能的现代性治理理念在生态文明社会建构中的运用。尊重生态价值和重视人的长远发展，才是人与自然和谐共生的本质。在全球性生态危机多发的今天，挖掘、开发苗族传统生态消费文化并将其作为一种理性指导资源，引导人们选择生态化的消费模式，协调人与自然的关系，改善人类生存环境，构建生态的、健康的、可持续的、内生于人类与自然和谐共存的消费伦理具有重要意义。

绪

论

绪　论

一

相关"域内文本"田野

自人类社会建构以来，所有的创新无不建立在一定的传统基础之上，创新也只是一对相对于传统的人为存在物，它们是二元对立的观念物象，是人们评判社会发展程度的依据来源。事实上，随着时空的更变，传统与创新也只是一对具有一定相对性的术语而已，它们的内涵和外延也将随着时空的变迁而被不断重构，以满足新的时代诉求。基于传统的重要性和创新的必要性，在开展问题研究时，有必要对已有的相关研究进行粗探，尤其是对"域内文本"的梳理极为重要。介于研究的向性问题，本文主要基于人类的消费行为来展开相关"域内文本"的田野工作，以便较好地把握研究思路。

消费乃人类最基础的本能实践。无论是人为创造出来的物质财富、精神财富，还是最为初始的自然之物，无不成为人类消费的对象和内容。可以说，消费一直伴随着整个人类社会。自从人类进入工业社会以后，一方面人类社会取得了前所未有的发展；另一方面也给生态环境带来严重性的破坏，甚至出现裂变式的生态危机。这些不可磨灭的事实，源于人类中心主义思潮的影响，以及人类非理性和膨胀式的消费行为。实际上，生态危机是人类生产实践与消费行为调适不当所引发的一种生态失衡现象。当然，这些难题并非无解。近年来，人们开始反思和研究自身对自然生态的消费行为和消费模式，并着力寻求一种与自然生态和谐互动的良性发展路径，即转变人类自身的消费模式，从而建构一套全新的生态消费文化，以服务于人类生态文明建设。当前我国所倡导和建构的"两型社会"，即资源节约型和环境友好型社会，正符合了人与自然和谐发展的理念，这种理念不仅是一种行为规范，也是一种生态消费文化，它对于我国创建生态文明社会具有重要的现实意义。因此，可以说，生态消费模式是生态文明建设的核心内容和终极支撑。当前，就人类消费行为和消费模式，国内外学术界主要基于经济学、生态学、伦理学、社会学、哲学等视角对其进行研究，大多数探讨和研究的内容体现在以下几个方面。

（一）生态消费理论探研历程

早在 20 世纪 90 年代末 21 世纪初，我国著名经济学家尹世杰教授就曾在《光明日报》《求索》等重要报纸和刊物发表了《论生态需要》《再论生态需要》《关于生态消费的几个问题》《消费文化学》等相关著述，重点阐述了生态消费力、绿色消费、和谐消费、消费文化、生态消费的重要意义，以及如何发展生态消费，满足生态需要，促进人与自然的和谐发展等问题。在《论生态需要》一文中，尹世杰教授明确提出："生态需要，不仅是最基本、最重要的生存需要，也是很重要的享受需要和发展需要；生态需要得到较好的满足，反映了人与自然的协调发展，反映了人的本质要求；要从可持续发展的高度审视生态需要；从文明的高度、从文化的高度去引导经济、社会的发展。"[①] 除此之外，尹世杰教授还把研究领域由经济消费拓展到文化消费，提出了精神文化消费、消费文化等新概念，强调文化教育是第一消费力，倡导建立消费文化学，研究探讨消费文化的形成、变化、发展规律。

---

① 尹世杰：《论生态需要》，《当代生态农业》2000 年第 3 期。

学者刘志飞在《生态消费伦理与生态文明建设》一文中，认为消费不是一种单纯的经济现象，而是一种体现人的道德价值观的伦理文化现象。创建生态文明社会必须改变人类现有的消费方式，推进消费方式生态化，形成健康、合理的消费模式，重塑消费文明，实现人与自然的持续性和谐。① 薛萍在其《科学发展观视域下生态消费理念研究》一文中，认为生态消费理念是时代的产物，是人类对旧的消费观念的一种批判，它是一种建立在生态价值观基础上的消费伦理，它要求人类在生产、消费的过程中体现生态价值观和生态伦理观。该文指出，生态消费伦理是对现代西方消费伦理的超越，并指出传统生态消费理念的积极意义及其在实践过程中存在的问题；进一步揭示科学发展观与生态消费理念的关系，提出科学生态消费理念确立的理论依据，以及基本内涵、逻辑构成。②

尹华北、文国权在《消费文化与消费主义——与王埃亮先生商榷》一文中，对消费文化的内涵给出了独到的见解，并认为消费文化作为指导消费者行为的一种准则，是用来指导、规范和制约某一特定社会成员的行为、消费观念、消费价值观和消费习惯的综合，是文化这个大系统在消费领域的具体表现形式。③ 邱耕田在《生态消费与可持续发展》一文中提出，生态消费是一种绿化的或生态化的消费模式，它是指既符合物质生产的发展水平，又符合生态生产的发展水平，既能满足人的消费需求，又不对生态环境造成危害的一种消费行为。此定义凸显了一种系统的观点，即把人与生态环境共置于一个系统之中，并把人类的消费纳入生态系统之中，接受生态系统对人类消费的约束，使之与生态系统协调统一。④ 又如胡江在《生态消费——迈向 21 世纪的新消费》一文中指

① 刘志飞：《生态消费伦理与生态文明建设》，《鄱阳湖学刊》2010 年第 3 期。
② 薛萍：《科学发展观视域下生态消费理念研究》，长安大学硕士学位论文，2010 年。
③ 尹华北、文国权：《消费文化与消费主义——与王埃亮先生商榷》，《理论月刊》2010 年第 7 期。
④ 邱耕田：《生态消费与可持续发展》，《自然辩证法研究》1999 年第 7 期。

出，所谓生态消费是指消费的内容、方式符合生态系统的要求，有利于环境保护，有助于消费者的健康，能实现经济的可持续发展。① 经过长期的努力和探索，生态消费理论在我国逐步形成体系，并助推我国生态文明建设。

在国外，早在一百多年前，马克思在其《资本论》一书中就提到："社会化的人，联合起来的生产者，将合理地调节他们和自然之间的物质变换，把它置于他们的共同控制之下，而不让它作为一种盲目的力量来统治自己；靠消耗最小的力量，在最无愧于和最适合于他们的人类本性的条件下来进行这种物质变换。"② 就自然对人类社会的反作用而言，恩格斯给出了经典的论断："我们不要过分陶醉于我们人类对自然界的胜利。对于每一次这样的胜利，自然界都会对我们进行报复。"③ 从某种程度上来讲，人和大自然应该和谐相处，如果人类不善待自然，就会遭到自然的惩罚和报应，人类活动的结果将和"地球的普遍死亡一起消失"。法国著名社会学家布尔迪厄在其《区隔》一书中，重点揭示了文化、社会结构与行为之间的关系，并从社会阶级和品位的角度阐释了他对消费文化的理解，从社会阶级这一方面提出了理解消费文化的另一种途径。

迈克·费瑟斯通在《消费文化与后现代主义》一书中，从消费文化入手，论述了后现代社会的特征、消费文化对后现代的影响，以及后现代主义的主要人物。他将消费文化置于后现代社会的语境下，提出消费是后现代社会的动力的观点。以符号与影响为主要特征的后现代消费，引起了艺术与生活、学术与通俗、文化与政治、神圣与世俗间区别的消解，也产生了符号生产者、文化媒介人与文化资本家。消费所形成的消解，即使后现代社会形成一个同质性、齐一性的整体，又使追求生活方式的奇异性，甚至反叛、颠覆合法化。他的这种后现代研究的方法对于

---

① 胡江：《生态消费——迈向 21 世纪的新消费》，《生态经济》1999 年第 3 期。
② 《马克思恩格斯全集》（第四十六卷），北京：人民出版社，2003 年，第 928 页。
③ 《马克思恩格斯全集》（第二十六卷），北京：人民出版社，2014 年，第 769 页。

研究消费文化也有着很重要的作用。英国社会学家西莉亚·卢瑞在其著作《消费文化》一书中提出了一种新的研究视角。在她看来，消费文化是物质文化的一种特殊形式。她借用了"艺术—文化体系"这个词语来阐述物质文化与精神文化的关系，并重点强调了美学知识在消费文化形成和发展中的重要性。

（二）生态消费行为与生态消费模式构建演变

自从 1994 年《中国 21 世纪议程》明确提出中国只能根据自己的国情，逐步形成一套低消耗的生产体系和适度消费的生活体系，使人们的生活以一种积极、合理的消费模式步入小康社会以来，我国学术界便开始探讨消费模式的转变，生态消费模式也因此逐渐受到了人们的普遍关注。学者徐长山在《消费方式：由不可持续向可持续转变》一文中提出："生态消费是一种有利于环境保护和资源节约的新的消费方式，它倡导适度的消费规模、合理的消费结构和健康、科学的消费行为。"[①] 又如黄志斌和赵定涛在《试论未来的生态消费模式》一文中提出："现代'非生态化'消费模式的困境使人们自然而然地考虑起生态模式的消费。以尽可能低物质消耗换取尽可能高生活质量的生态消费模式是人类迎接美好未来的综合最优的理想模式。"[②] 除了国内学者普遍关注人类生态消费行为和生态消费模式研究以外，国外学者也热衷并致力该领域的研究。

在 20 世纪 60 年代末 70 年代初，罗马俱乐部发表了著名的研究报告《增长的极限》，呼吁对人类日益严重的生存环境问题制定新的应对战略。到了 20 世纪 80 年代初，美国农业学家莱斯特·R. 布朗在他出版的名著《建设一个可持续发展的社会》中，明确提出要通过转变人类的消费方式，建立人与自然和谐共处的生态消费方式，以此来实现人类社会

---

① 徐长山：《消费方式：由不可持续向可持续转变》，《社会科学》2001 年第 3 期。
② 黄志斌、赵定涛：《试论未来的生态消费模式》，《预测》1994 年第 3 期。

的"可持续发展"。1987 年世界环境与发展委员会（WCED）在其报告
《我们共同的未来》（Our Common Future）中也提到，建立有利于人与自
然和谐的消费方式既能满足当代人的需要，又不会对后代人满足其需要
构成危害。

（三）我国少数民族生态消费文化研究

目前，就我国少数民族生态消费文化研究而言，学术界研究成果相
对较少。1998 年学者陈伟明在其《古代华南少数民族的饮食消费与民俗
文化》一文中，主要从主食和副食的生产消费及饮食民俗方面来阐述与
探讨了古代华南少数民族的饮食文化活动与特点，以及古代华南少数民
族社会经济文化生活发展的状况与特色。肖雅锟在《云南少数民族传统
生态伦理思想及其现代审视》一文中，重点探讨了云南少数民族传统生
态伦理思想的规范效力、保护物种多样性的作用，以及对增强民族精神
凝聚力的作用等，认为其理论对于构建现代生态伦理、提升社会的生态
道德观念、促进和谐社会发展进程以及推进我国生态文明建设都具有重
要的理论指导和借鉴意义。朱艳飞也在《试论贵州生态消费模式的构
建》一文中重点探讨了贵州生态消费模式、生态消费模式构建的重要性、
生态消费模式制度缺失及其对策路径。通过梳理生态消费文化相关研究
文献发现，目前学术界主要从经济学视角来关注和研究人类消费行为和
消费模式。当然，从其他学科来探讨和研究人类生态消费文化也并非没
有，只是研究成果相对较少。然而，在我国，把某一个特定民族的消费
文化作为研究对象和内容，从学术界已有的研究成果来看，几乎是一片
空白，有待深入研究。

目前，我国正在积极倡导和构建"两型社会"，旨在创建一个和谐
的生态文明社会。生态消费是生态文明建设的有力支撑，这在客观上要
求人们转变消费行为和消费模式，构建一套符合人类可持续发展的消费
模式，即生态消费模式，以服务于我国的生态文明建设。积极参与我国
生态文明建设是每一个个体、每一个人们共同体应尽的责任和义务。苗

族作为中华民族的一员，也不例外。近年来，随着我国城镇化建设进程不断加快，一方面，许多苗族地区社会经济得到了迅速的发展；另一方面，部分苗族生活聚居区的生态环境也遭到了前所未有的破坏，甚至出现严重的"生态危机"。从某个角度来看，这是人类对自然生态过度消费、"非理性"消费所致，从而引发整个生态失衡。事实上，这种矛盾并非不可调解。除了使用现代所谓的"科学"以外，巧借传统智慧也是一种有利的路径。

苗族，一个具有悠久历史文化的人们共同体，在社会发展演变过程中充分运用自身劳作智慧，创造出了独具特色的民族文化。就人与自然的互动关系而言，苗族先民曾给过科学的诠释。无论是意识形态，还是具体行为，无不体现人与自然的和谐性。他们在与自然互动过程中，形成了一套比较系统的生态消费文化。这种文化不仅对苗族人民的消费行为有所规范，而且对于苗族社区持续稳定发展以及我国生态文明建设都具有重要的意义。因此，深入挖掘和探究我国苗族传统生态消费文化，不仅可以填补该研究领域的空白，对于正确引导苗族人民的消费行为也可以起到积极的作用，进而有利于我国生态文明建设整体推进。

温家宝总理在 2006 年政府工作报告中曾指出："盲目追求 GDP 总量，将会带来一系列的社会问题和环境问题。建立在资源消耗、环境污染基础上的粗放型经济增长方式不可持续，中国经济必须向低能耗、低污染、高产出的集约型增长方式转变，即要走一条科技含量高、经济效益好、资源消耗低、环境污染少、人力资源优势得到充分发挥的新型工业化道路。"因此，倡导和发展生态消费不仅符合党的十六届五中全会提出的建设资源节约型、环境友好型社会的大政方针，也有利于我国生态文明建设。在我国苗族生活聚居区内，有许多传统智慧和地方性知识，尤其是苗族生态消费文化，它对于苗族人民的消费行为起到积极的引导作用，强调和突出人与自然的和谐性、持续性。在这种观念文化和行为文化的双重影响下，苗族社区内的人、自然、社会一直保持和谐稳定的状态。应该深入挖掘和研究我国苗族传统生态消费文化，并使之成为一种治理资源，服务于我国生态文明建设。

二
基础性概念和关键性术语释义

（一）传统

就传统一词的内涵和外延而言，目前学术界往往"按需"进行释义和解读，自然就形成了不同的术语内涵，但不乏共鸣之处。一方面指出传统是人类在历史发展过程中所表现出来的观念行为或实践行为，以及其所带来的各种结果和效应；另一方面指出传统的时间性较为悠久，简单来说就是其历史性较强和较长。传统在不同的国家、不同的民族、不同的场域，所表现出来的内涵和外延也会有所差异，这种现象并不奇怪，其实是文化差异性所引发的问题。简单来说，就是文化价值尺度不一样，因而在进行文化释义和解读时有所差异。就国内而言，尤其是近代以来，传统一度被否定和摒弃。从某种程度上来讲，主要是西方近代思潮介入所致，是过度崇洋媚外所引发的"传统滞后性"现象，以至于国人一度将传统作为"封建""迷信""落后""愚昧"加以认知和遗弃。

在中国历代王朝中，清朝晚期的腐朽垮塌、封闭"自我"、傲视他群，促使向来高度稳固的中央王朝走向崩溃和坍塌。落后挨打过后，国人逐渐转换审视视角观望"他者"，意识到"他者"的坚船利炮是如此之强。自1840年鸦片战争以来，以英国为首的西方文明不断"进驻"中国，可以说，从鸦片战争到新中国成立，是两种不同文明形态的较量，即工业文明和传统农耕文明。在漫长的较量中，传统农耕文明自然选择妥协，工业文明则长期主导人类社会发展潮流，引领和影响着人类的发展方向和进程。中华民族在这一历史时期，饱受列强凌辱和压迫。但是也因为这场文明的较量，中华民族开始反思自身文明，从而弱化或抛弃一贯傲视"他者"的自大心理，努力学习西方文明，以寻求新的发展路径。

近代以来，为在短期内赶超西方文明，国人将祖宗遗留下来的文化，往往以封建、落后之名而抛之身外。从国人的意识形态到国家制度，无不按照西方文明加以重构和建构。这一时期国人的心理需求往往模糊不清，对西方文明盲目追崇。因此，过急的举措显现了出来。例如以孔子文化为代表的传统文化一度被否定和摒弃。关于中西方文明的优劣或先进与否，这里暂且不做价值判断。事实上，文化或文明没有绝对的优劣或贵贱之分，按照文化相对主义的说法，每一种文化或文明的存在都有其功能和合理性。评判一种文化时，不能以自身固有的文化价值标准去度量。

对于中国传统文化而言，也不能完全站在现有的文化背景去审视。实际上，每一种文化都有其局限性，只是在不同的时空场域所表现出来的程度不同而已，也没有一种文化可以不加重构或经历调适的过程，便可一直延续下去。同样，也没有一种文化完全脱离传统而"标新立异"以及独立建构"自我"。从某种程度上来说，所谓创新或新的建构都是在传统的基础上完成的。人们常说的创新或新的发明无不是在传统的基础上重构出来的，只是有些形态不同于传统，同时人们为了与传统区别开来，习惯性地将其定义为创新，以达到新的诉求效果。传统能够长期贯穿在人们的现实社会生活中，并时刻影响着人们的行为规范，无不体现它存在的合理性和功能，只是当一种看似不同于传统的文明形态出现时，人们总是带着猎奇的心理加以观摩和推崇，以至于"新的追求"不断超越一贯稳定的传统文明形态，因而传统被弱化或边缘化就成了难以避免的境遇。同样，由于时空移位以及人们生活情景的变化，对于传统，人们则习惯性将其放置于博物馆加以陈列，进而满足供人们观赏的诉求。谈了这么多，何谓传统，其实已经有了一些影子，但这种影子依旧模糊不清。事实上，这是学术界给予的，争鸣一直是学术界存在的空间和发展的动力。很多时候，学术界为了寻求一致性答案，付出几代人的努力和心血，其实所有的求证，到最后得出的答案参差不齐、莫衷一是。因为人是主观性很强的动物，客观物项在人脑中的反映也随着时代的变迁而发生改变，这也是人类得以持续发展的一种新解。同样，随着时代的变迁，传统的内涵和外延也有所变异。实际上，"传统"是一个不断被重构的术语，学人往往根据个人的需要对传统做出更符合自我需求的新解，当然也会借鉴前人的成果和技巧。通过梳理前人的成果发现，传统往往具有较强的历史性特点。因此，可以说传统泛指一切发生在人类社会发展历程中的观念行为和实践行为，以及因此创造出来的一切文明成果，其在时间上具有延续性，即世代传袭，具有较强的社会规范性作用，并与现代文化元素存在一定的差异性。

我国是一个传统农耕国家，历时几千年的社会发展及演变，时下已成为工业文明国家，同西方国家一道开创人类文明新未来。尽管我国已步入工业文明社会，但长期主导我国社会生活的传统文化，其控制力和规范性在现今社会生活中仍发挥着重要的作用，从个体到整个国家无不深受传统智慧的影响。在我国乡村社会，与现代制度安排相比，传统文化依旧具有较强的控制力和规范性。就个体而言，其降生的场域本身就具有较强的传统氛围。因此，个体在进行社会化的过程中，首要接触的就是传统文化，其行为规范和行动逻辑无不深受传统文化的影响。整个国家和中华民族也同样饱受中国传统文化的影响，尤其是中国传统文化中儒、释、道思想的影响。这三种传统文化形成了看似不同却又通融的三种思想维度，凝聚成中华民族认知体系中的三大核心部分，中华民族也因此形成了相对稳定的世界观、人生观、价值观的认知三角。

（二）生态消费文化

在探讨生态消费文化之前，有必要对生态、消费、文化这三个术语一一进行解读。生态是人类为了更好地区分人类社会与自然界的边界而建构出来的术语。另外，生态在消费生活世界里，被界定为一种健康的消费模式，即绿色消费。众所周知，生态是人类赖以生存的基础条件和前提。生态不仅为人类的持续衍生和发展提供生存载体，还为人类提供丰沛的生存物质资源。

从某种意义上来讲，自然生态是包括人类在内的万物生存和发展的基础。从进化论角度来讲，人类的进化也源于自然界。因此，可以说，维护生态平衡是人类持续发展的基础保障。然而，随着工业文明的推进，以及人们对自然的狂热消费，生态失衡和生态危机已成为当下的一大难题。因而保护自然生态环境和探求新的持续性生存路径迫在眉睫。反思人类自身的实践行为、建构新的人与自然的互动方式已成为人类的主攻方向。

消费一词在现代社会中，惯熟于耳。众所周知，消费是经济学术语，与之相对应的是生产和产品。生产是消费的重要基础，消费是生产的重要动力来源。实际上，抛开纯粹的消费经济学，消费一直贯穿于整个人类社会生活。换句话说，纯粹的经济学消费术语是具体的消费概念，其使用的范畴和领域大多仅局限于经济学领域。而广义的消费概念应该涉及人类社会生活的方方面面，包括人类对自然资源的索取以及人类社会中的各种交易等互动行为。从某种角度来讲，消费行为既有单向消费，也有双向消费和循环消费，其消费内容不局限于产品与货币的兑换和使用。

单向消费往往以人类向自然界索取生存资源为代表，当然这种单向消费也是相对的，人类在向自然界索取的过程中虽说没有以货币这样一种特殊符号作为交换加以消费，但当人类过分消费自然资源以至于引发生态失衡或生态危机时，人类付出的代价不亚于资本流失，甚至出现家园破碎、生命流离的现象。双向消费常以现代市场经济的各种交易活动为代表，即存在买卖两个主体，其交易实行"等价交换"。

文化是一个边界极广、张力极大、内涵极丰富的术语。追溯文化的内涵与边界，一直是学术界试图完成的命题，时至今日，仍然没有告结这一课题。在我国古代，文化被隔开进行释读，分为文与化，以文为化，专指教化的意思，后来世人将其重组为文化，其内涵又有了新的解读，外延也不断扩大，以至于很难划清其边界。

目前学术界整理的文化词条多达几百种。有人将文化分为物质文化、精神文化、制度文化、行为文化，有人则将文化分为精英文化、大众文化，还有人将文化分为主流文化和亚文化，等等。不管怎么说，文化都是人类行为活动的产物。目前国内比较赞同的是文化二分法，即物质文化和精神文化，这种分法主要从形态学视角介入。通过梳理和总结已有的研究成果，人们对文化形成这样一个共识：文化是指人类在社会发展过程中充分利用自身体力劳动和脑力劳动创造出来的物质财富和精神财富的总和，是一切人类行为活动的产物，是人类有别于动物界其他生命体的重要标志。

生态消费文化，一方面指人类与自然互动的行为规范和生态伦理，另一方面指人类健康发展的消费模式。因问题探讨取向所需，本文主要偏重人与自然互动的行为规范和生态伦理等方面的探讨。当前，人类给予自然的负重已越来越大，引发了生态失衡和生态危机，从而影响到人类社会生活。因此，研究传统生态消费智慧、探寻新的生存理性资源极为迫切。生态消费文化，不仅包括已有的传统生态消费智慧，也涵盖正在建构的消费理念。生态消费文化是一种理性消费思维和人与自然和谐共生的表达方式，也是平衡人与自然关系的重要杠杆和砝码。

（三）共生逻辑、共生实践、共生规范

在探讨共生逻辑之前，有必要单独对共生一词进行阐述。"共生"一词首先出现在生物学领域，而后广泛地被借用到其他学科领域和范畴。第一个提出广义的生物共生概念的是德国著名真菌学奠基人 Heinrich Anton de Bary（1831—1888 年）。1879 年，他明确指出："共生是不同生物密切生活在一起（living together）。"除了 de Bary 的共生概念以外，也有其他学者对共生一词进行释义和解读，例如 Scott 于 1969 年提出："共生是两个或多个生物在生理上相互依存程度达到平衡状态。"同时原生动物学家 Dale. S. Weis 也指出："共生被定义为几对合作者之间的稳定、持

久、亲密的组合关系。"到了 1970 年，美国生物学家马格里斯（Margu-lis）提出"细胞共生学说"，因而共生论一度盛行。从生物科学延伸到其他社会科学领域，即是共生论的采借过程。从某种意义上来讲，"共生是生物科学中一个非常重要的基本概念，它涉及生物学中许多分支学科如微生物学、寄生虫学、真菌学、植物病理学、昆虫病理学、原生动物学、病毒学、细胞生物学等，甚至可以提高到生物哲学的范畴"。①

共生逻辑可以理解为共生思维、共生思想、共生方式三个层次。共生逻辑可以说是一种生存理性或生存智慧。就人类社会而言，没有一个个体可以独立存在，其总是与其他个体发生着各种联系，并形成各种相对稳定的人际关系网。按照复旦大学胡守均教授的《社会共生论》一书载述，在人类社会中会形成不同层次的共生关系，例如政治共生关系、经济共生关系、文化共生关系、家庭共生关系、夫妻共生关系、师生共生关系、企业共生关系、国家共生关系等。这些共生关系往往因为一些资源而结成命运共同体。共生逻辑要求两者或两者以上在特定条件下可以互为另一方的生存条件或生存资源，简单来说就是一种分工、合作关系，而合作则是共生的首选逻辑，彼此相互依存、相互促进是共生逻辑的重要前提，一切行动逻辑都应以共生为实践旨归。对于自然界也一样，食物链的持续稳定也是一种共生表现。人类在向自然界索取的过程中，应把共生理念作为自身的行动逻辑，从而促成人与自然的和谐共生关系。

共生实践是共生主体为了实现共生目的所推行的一系列实践活动。这种活动往往具有较强的针对性，几乎所有的实践行为都围绕共生这一主题展开。共生实践在人类社会生活中很常见，主要以实现双方既定目标为出发点和落脚点。在市场经济高度发达的今天，合作与双赢往往是最为常见的共生实践，企业之间的资源交换、技术转让、信息共享等都是共生实践的具体表现。

在现代企业中，除了企业间的各种资源交换和转让以外，企业内部

① 洪黎民：《共生概念发展的历史、现状及展望》，《中国微生态学杂志》1996 年第 4 期。

也形成自身的共生实践关系，例如企业老板与车间员工之间的劳务关系，这种共生关系往往以雇用与被雇用的人事合同固定下来，企业为了发展，必然需要员工作为最基本的生产劳动力。然而，员工要获取劳动报酬，必须与企业建立相应的劳资关系，并转让自身的劳动力（包括脑力劳动、体力劳动）以换取经济报酬。

随着社会的发展，社会共生实践的形式也不断增多，共生的内容和领域也不断增加，几乎涉及人类社会生活的方方面面。除了社会共生实践以外，人与自然也形成一系列的共生实践，例如人类在认识自然和改造自然的过程中，改变和调整与自然的互动方式，采取适度消费生态资源的消费模式，建立良好的共生关系。具体表现为自然界为人类提供生存必需物，人类要对自我的实践路径进行反思，对自然的索取应有所节制，改变"任性"的消费方式，建立良好的和谐共生关系：一是确保人类的持续发展，二是维护整个生态系统健康有序发展。

共生规范是共生主体为达成共生愿望或共生目标而自然衍生和人为建构出来的共生行为制度，这种制度既可以是正式制度，也可以是非正式制度。从某种意义上来讲，共生规范对所有共生主体都具有规范效能，并对所有共生主体的行为边界予以界定，包括一切权利和义务。另外，共生规范包含成文的和非成文的两大部分。共生规范在人类社会生活中随处可见，小到家规，大到国家法律法规。

现代化背景下，除了现代治理理念以外，传统控制也是一种强有力的共生规范，这种规范往往以道德谴责、伦理制裁为主。而且这种规范具有较强的渗透性，被规范的群体规模也比较大。例如，在现今的中国乡村社会，尤其是交通不便利、资讯不发达的地区，由于国家力量渗入较弱，整个社区的社会秩序仍旧以传统控制为主，这时传统道德和伦理往往成为整个社区社会的行为规范和行动指南，也就是该社区普遍公认的共生规范。

事实上，在人类社会生活中，共生规范的形式和类型比较多，例如法律共生规范、道德共生规范、伦理共生规范、宗教共生规范、政治共生规范、经济共生规范、文化共生规范、社会共生规范等。除了人类社会生活中的共生规范以外，人为了确保自身的持续繁衍和发展，在与自然互动过程中也形成了一系列的共生规范，这些共生规范也涉及法律法规、道德伦理、宗教信仰等。对自然生态的消费，在国家层面则有相应的制度安排，就个体而言，除了遵从国家制度安排以外，还有道德伦理以及宗教信仰加以规范和约束。总之，传统控制和现代治理理念构成了整个共生规范体系。

三
研究缘起和研究目的

随着社会的发展和进步，时代对人的要求也越来越高，合作与共赢成了人们的普遍首选，人们逐渐放弃了以往"单打独斗"的生存方式。寻找共生命运共同体成了众人热衷的实践活动，营造和谐共生的生存氛围则成了众人的社会期望，这种和谐共生氛围不仅存在于人类社会，同时也涉及自然生态环境。共生的主体从人转向自然生态，当前已不再是"人定胜天"的单线社会，而是将自然生态拟人化加以对待，一切人类实践行为都应参照和遵循人与自然的共生逻辑与和谐共生规范，从而科学地进行共生实践。

苗族是一个具有鲜明文化特点的人们共同体，在历史发展演变过程中，其先民不仅充分意识到共生理念在族群社会发展过程中的作用和意义，并将共生理念运用到现实生活中来，从而确保其子孙得以繁衍和发展，还将共生理念运用到人与自然的互动中，在确保生态平衡的基础上进行消费，从而形成了一系列人与自然和睦相处的共生规范。这些共生规范不仅对苗族这一特定的人们共同体的行为起到规范作用，对于现阶段我国生态文明社会建构也具有重要的借鉴意义。因此，深入发掘和研究苗族生态消费文化，对于现今社区社会的重建和治理具有重要的指导意义，传统智慧科学的介入必将有利于进一步推动现代化治理的进程。

（一）时代发展诉求

当今社会是一个合作与共赢的时代，人与人、企业与企业、国家与国家、人与自然无不体现共生关系。单向或片面的发展路径，最终都会走向自我灭亡。从个人而言，需要与其他人进行互动和交流，这种交流除了情感寄托以外，更多的是寻求共生群体，获取更多的共生资源，以确保自我的持续发展。对企业而言，亦是如此，一个企业想获得更高的市场占有率，除了提高自身质量和服务水平以外，还要走向合作和共赢。在这一过程中，往往形成一系列的企业命运共同体。国家同样需要进行国际对话和国际互动，只有在国际浪潮中，才能更加明了自身的长处和短板，从而做出相应的调适和革新，以适应新的时代潮流。国家间的通商贸易是一种持续发展的共生实践。人与自然生态也是一样，需要建立良好的互动机制，既能确保人的持续繁衍和发展，又能维护生态平衡。

当今社会不再是个人英雄主义社会，也不是"人定胜天"的社会，需要相互让步和相互妥协，才不至于走向极端。英雄主义社会也是相对的，没有群体的努力和帮扶，英雄也只是虚号。虽然，我们不得不承认一个事实，就是个体对群体的特殊作用，但不能因为个体的某种特殊才能而以点带面加以浮夸描述，同样，也不能因为人具有能动性，而夸大人的作用。事实上，万物都有其局限性，只是有时候我们很难揣摩到而已。夸大或拔高人的能动性是片面的、不科学的。人与动物界其他生命体相比，在认识自然和改造自然方面的能力略强，但这并不意味着"人定胜天"。因此，无论是个体、国家、民族，还是人与自然生态的关系，都应秉持和谐共生的理念，并通过这种理念搭建一座桥梁进行互动。在苗族的生态消费文化中蕴含着许多具有共生理念的传统智慧，深入挖掘苗族传统生态消费文化，既是对传统文化的传承，也符合时代发展的诉求。

（二）专题研究缺席

当前学术界对苗族这一人们共同体颇为关注，也有不少学者对苗族做长期的跟踪调研，并形成了一系列的研究成果。从当前已有的研究成果来看，大多数学者主要将目光聚焦到苗族的历史、族源、称谓，以及苗族的节日文化、服饰文化、婚姻文化、饮食文化、丧葬文化、宗教文化、生计方式、社会组织等文化事项。很少有学者对苗族生态消费文化做专门的研究和探讨，这方面可以说是一片空白。事实上，苗族在社会发展过程中，形成了一套相对稳定的生态消费文化。这套文化对于苗族社会发展具有重要的指导作用，使苗族人民与自然生态保持着良好的和谐共生关系。

深入挖掘苗族传统生态消费文化，不仅对苗族社区社会的重建具有重要的现实意义，同时对规范人类的消费行为具有一定的借鉴意义。可以将这种传统智慧整理成一套共生规范，使其成为一种理性指导资源或社会治理资源。当前，由于学术界关注度较小，研究成果甚少，几乎没有看到这方面的研究迹象和成果。从某种程度上来讲，这就为本研究留下了一定的探讨空间。本研究试图以苗族的传统生态伦理、生态智慧、生态知识等作为切入点，梳理和解析苗族传统生态消费文化，并试图将其与我国消费模式和生态文明建设结合起来，从而整合传统智慧与现代治理理念，并使之成为我国生态治理的理性指导资源。

（三）研究目的和意义

近年来，随着我国城镇化建设进程不断加快，一方面，许多苗族地区社会经济得到了迅速的发展；另一方面，部分苗族生活聚居区的生态环境也遭到了前所未有的破坏，甚至出现严重的生态危机。从某个角度上来看，这是人类对自然生态过度消费、非理性消费所致。事实上，这种矛盾并非不可以调解，除了使用现代科学以外，巧借传统智慧也是一种有利的路径。苗族，一个具有悠久历史文化的人们共同体，在社会发展演变过程中充分运用自身智慧，创造出了独具特色的民族文化。就人与自然的互动关系而言，苗族先民曾给过科学的诠释。无论是意识形态，还是具体行为，无不体现出人与自然的和谐性。他们在与自然互动的过程中，形成了一套比较系统的生态消费文化。这种文化不仅对苗族人民的消费行为有所规范，而且对于苗族社区持续稳定发展以及我国生态文明建设都具有重要的意义。因此，深入挖掘和探究我国苗族传统生态消费文化，不仅可以填补该研究领域的空白，对于规范苗族人民消费行为也可起到积极的作用，进而有利于我国生态文明建设整体推进。

第一章

人与自然的关系维度与

和谐共生规范

人与自然的关系是人类社会的第一性关系，是关乎人类持续生存和社会稳定发展的基本关系。因此，可以说，人与自然关系的和谐与否直接影响到人类社会的发展进程和文明程度。倘若用生物进化论或人类起源说来审视人与自然的关系，那么人与自然的关系之形成则源于人对自然的分化和外离，是人类长期展开创造性实践的结果。

人类源于自然界，故而是其中的一个生命存在体。但由于人的长期实践，其逐步摆脱自然界的部分控制力，并通过创造性劳动建构出相应的"时空世界"，即人类社会。大自然和人类社会的"相对边界"也因为人类的创造性劳动完成了从"模糊不清"到"清晰可见"的华丽转变。从此人与自然形成了相互依存、协同共生的关系。当然，人始终是自然界的一个部分，两者的关系在某种程度上依旧是部分与整体的关系。因为自然界涵盖了动物、植物两个部分，人只是其中之一，隶属于自然界中的动物群类。

人的创造性实践使得人在整个动物世界显得更加"出类拔萃"和"与众不同"，但这并不代表人类完全摆脱了自然界，人的动物性特征使人具有了最根本的自然属性，人的创造性实践使人获取了社会属性。简单来说，人就是从"自然人"或"纯粹的生物人"向"社会人"转变而来的，这个过程可以说是人类的新蜕变，是其身份重构和符号意义获取的关键时期，而人的创造性劳动在这一过程中起着关键性作用。

一

人与自然的关系维度

（一）时空结构——生成时间坐标系、局部与整体

在认识人与自然的关系之前，有必要对两者的第一性问题做简单的介述。按照唯物主义视角进行审视或解读，自然界是第一性，在时间上先于人类而存在，人类只是自然界发展和人类自我演化的结果。具体来说，人类只是自然界的一部分，在人类社会尚未建构之前，自然界就先于人类而作为一个整体存在，不因任何意志而转变。除两者出现的先后顺序以外，对两者的生命极限也很有必要进行了解。自然界相对于人类社会较为复杂多变，借助现代术语对其进行概括，可以说其涵盖了整个地球，人类社会也自然包含在其中。通过现有的科学技术推导，地球的存在时间史可以以亿年为单位来进行计算，而根据现有的考古史料来追寻人类的生命历程，也就以百万年为最大时间计算单位，与自然界相比仍有很大的距离。因此，在时间坐标系上，自然界的生成时间坐标值要先于人类社会。

在时间上，自然界先于人类而存在。在空间上，与自然界相比，人类社会的空间也相对较小，仍旧是自然界的一部分。就"人类社会"这一定义而言，目前学术界也颇有争议，见仁见智，在不同的学科研究领域，则有不同的释义和解读，学者一般都基于自身研究需要对其进行解析和界定，故而，没有形成统一的定义。但有一点是可以肯定的，众多的定义有一个共性，那就是人。人类社会必须以人作为主体才能存在，没有人类的实践活动就谈不上人类社会。自然界的边界很广，然而人的活动范围和能力相对有限，并非所有的自然空间都存在人类的实践活动痕迹。尽管人类社会已经高度发达，科学技术仍旧有其局限性，人类在许多自然空间仍然不知所措，更谈不上展开属于人类特有的社会实践活

动，至少目前存在这样一种事实。例如人类仍旧很难在高纬度严寒地带、高山、沙漠、大洋等开展稳定的社会实践活动，即使有，也是极为有限的。人类仍然只能在适宜自身生存和发展的范围内进行实践活动，这就说明人类社会并不等同于自然界，或者说人类不可能做到绝对的"人定胜天"和完全占据自然界。

关于人与自然的关系，有学者认为受建构理论的影响，才会出现人类社会与自然界这两个实体。换句话说，人类社会和自然界这两个术语是人类为了达到区分效果而建构出来的，并非永恒存在的。建构的目的就是体现人的创造性和独特性，并通过人为实践结果来区别动物界其他生命体，这种实践结果主要以文化符号和文化意义为代表。众所周知，文化是人为图景，是人类有别于动物界其他生命体的重要标志。

人创造了文化，反过来文化塑造了人。事实上，人隶属于动物界，只是其通过创造性实践而"与众不同"。除了通过劳动来实现身体机能转变以外，更为重要的是人不仅可以创造文化，同时还懂得自由地运用象征符号来表达自我、呈现自我，这是动物界其他生命体无法比拟的。当然，动物界其他生命体也有实践行为和利用符号的能力，但这种能力与人类相比是极为有限的，其创造性和自由度远不及人类。因此，可以说自然也是人的自然，换句话说，没有人的存在以及人类社会的建构，也就没有人类社会和自然界之别。事实上，自然是人的本质属性，也是人为图景，两者互为作用。

（二）实践互动——主体与客体、能动性与决定性

创造性实践使人类"出类拔萃"和"与众不同"。因此，人的实践性在其身份重构和符号意义获取的过程中意义重大。在考察人类与动物界其他生命体的实践行为时，马克思曾经这样写道："蜘蛛的活动与织工的活动相似，蜜蜂建筑蜂房的本领使人间的许多建造师感到惭愧。但是最蹩脚的建筑师从一开始就比最灵巧的蜜蜂高明的地方，是他在用蜂蜡

建筑蜂房以前，已经在自己的头脑中把它建成了。"① 关于实践的界定，亚里士多德认为"实践是包括了完成目的在内的活动"，"实践成为最优良的生活"。② 而费尔巴哈把实践与生活联系起来，极富启发性地提出"理论所不能解决的那些疑难，实践会给你解决"这一独到见解。③ 黑格尔提出了"实践理论"的概念，并把它作为达到和实现"绝对理论"的一个必经环节，还以抽象思辨的形式揭示了人类实践活动的创造性特征，以及实践在改造世界、创造人类历史过程中的重要意义。④ 这些观点要么把实践简单地等同为现实的活动，要么把实践理解为抽象的理念，都没有真正透彻地把握实践的本质含义。马克思批判地继承了前人关于实践的概念，多视角地对实践的内涵做了深刻的剖析，揭示了实践的内在本质，并认为实践是感性的人的活动或人的感性的活动，是一种对象性的活动和一种能动与受动相统一的活动。

实践是人与自然互动的重要桥梁，而人则有目的、有意识，并借助一定的手段来认识自然和改造自然。实践是人把自然作为对象的活动，具体来说就是以人作为实践主体，以客观事物为对象（客体），通过一定的途径将人的目的、愿望、目标等主体的力量对象化，使客观事物按人的意志与人发生关系，满足人的某种需要。⑤ 实践主体是实践活动中具有自主性和能动性的因素，其担负着提出实践目的、操纵实践工具、改造实践客体，从而驾驭和控制实践活动的多种任务。⑥ 因此，主体与客体是认识与被认识、改造与被改造的关系，人类从产生的那一刻起，

① 中共中央马克思恩格斯列宁斯大林著作编译局译《资本论》（第1卷），北京：人民出版社，2004年，第208页。
② 北京大学哲学系外国哲学史教研室编译《西方哲学原著选读》（上），北京：商务印书馆，1982年，第148页。
③ 《马克思恩格斯选集》（第1卷），北京：人民出版社，1995年，第54页。
④ 马凤强、孔庆文：《马克思主义哲学原理》，北京：中国农业出版社，2003年，第42~43页。
⑤ 陈玉春：《从人与自然的辩证关系解读生态文明》，福建师范大学硕士学位论文，2008年，第25页。
⑥ 李秀林等主编，李淮春等修订《辩证唯物主义和历史唯物主义原理》（第五版），北京：中国人民大学出版社，2004年，第73页。

就把自然作为认识和改造的对象。就实践的对象性而言，马克思则认为："一个存在物如果在自身之外没有自己的自然界，就不是自然存在物，就不能参加自然界的生活。一个存在物如果在自身之外没有对象，就不是对象性的存在物。……非对象性的存在物是非存在物"。① 当然，人在改造自然的同时，也在一定程度上被自然所改造，物（客体）的内容映印到人身上，推动人对自然认识的产生和发展，提高人改造自然的能力。故而，在处理人与自然关系时，应该以自然为基础，以自然规律为前提，但不能"以自然为本"，这是由实践主体的目的性和计划性决定的。但"以人为本"还得有个限度，那就是人类在满足自身的多样性需求的同时，不能危及其他生物及其周围生态环境的可持续发展，不能违背自然发展的内在规律性。人类的一切实践活动都必须建立在全面正确认识自然、尊重自然内在规律性的基础之上。由于实践具有双向性，主体与客体之间存在作用力与反作用力，即是说，人的实践活动是能动性与受动性的统一。作为一种感性的对象性的活动，人的实践活动也必然是一种能动与受动相统一的活动。在对象性活动过程中，主体一方面把自己的本质力量能动地外化到客观对象上；另一方面，又像所有其他的对象性的客观存在物一样，是一种受动的、受制约的、受限制的存在。② 所以，在实践活动过程中，主体一方面受到客体的限定和制约，另一方面，又能自觉能动地、不断地发展自己的能力和需求，打破客体的限定，超越现实客体。

人与自然的关系在实践的基础上得以建立，同时人与自然的关系也随着实践的推进而发生改变。作为实践主体，人更具能动性和主动性，在某种程度上，可以说实践的向度随着人的需要而发生偏向问题。实践向度的恰当与否直接影响到两者关系的稳定度和持续性。在实践互动过

---

① 中共中央马克思恩格斯列宁斯大林著作编译局译《1844 年经济学哲学手稿》，北京：人民出版社，2000 年，第 106 页。

② 陈文珍：《马克思人与自然关系理论的多维审视》，湖南师范大学博士学位论文，2012 年，第 104～108 页。

程中人并非万能的，自然也并非不可认知，两者的能力和权限都是有界限的。人不能因为具有动物界其他生命体没有的实践能力而过于乐观。因此，"不要过分陶醉于人类对自然界的胜利。对于每一次人类实践的胜利，自然界都对人类进行相应的报复和打击。在每一次实践胜利过程中，起初确实取得了人类预期的实践结果和效应，但是往后和再往后却发生完全不同的，甚至超乎人类预料和想象的影响，反而将最初的实践愿望和实践结果又消除了"。①

就马克思主义实践论而言，人与自然的关系是主体与客体的关系，是一个完整的"共生体"，至于主体性与客体性问题也是相对的，在不同的时空条件下，主位与客位的角色转换不是没有可能的。从历史发展演变的视角来审视人与自然的关系，人并非完全征服自然，同时也并非完全屈服于自然，而是客观地、正确地认识自然和改造自然。同样，自然也并非不可认知，人可以通过自身能动性来观照自然和利用自然。尊重自然规律，充分发挥人的主观能动性，本着"以人为本"的思想，调动人的实践积极性来认识自然和利用自然，进而把人与自然结合成一个良性的有机整体。

（三）统一辩证——尊重自然、以人为本、相互依存、和谐共生

人与自然的关系是辩证统一的，既有各自的独立性，又有相互依存的整体性。人类源于自然，也作用和依附于自然，人类的一切实践行为无不与自然形成直接或间接的联系。故而尊重自然规律是人类一切实践行为的不二首选，自然律在总体上是不以人的意志为转移的，例如四季轮回、大气循环，乃至地球的自转轨迹和自转周期，等等。当然，由于人的某些实践行为过频或实践强度过大，自然界的某些规律也会有所改变，例如人类过度垦伐导致土质结构变异、植被结构消解、食物链失衡等。而常见的大气污染、海平面上升、全球变暖等诸多问题，几乎离不

---

① 廖福霖：《生态文明建设理论与实践》，北京：中国林业出版社，2001 年。

开人类的长期实践效应。自然律失灵的原因，除了自然界自身内部结构发生变异以外，在某种程度上，还可以归结为人类实践的长期性和过度性的效应结果。人类社会之所以能够延续至今，具体来说，就是遵照自然律来开展社会实践活动，将自我融入自然界中形成一个有机体。这种思想和理念，在我国传统社会早有体现，尤其是中华民族的本土宗教信仰文化，无不体现人与自然的和谐共生理念以及"天人合一"的人文关怀。如我国历史题材电视剧《大舜》，其主题虽是对历史人物的历史贡献进行表达和呈现，讲述的却是我国上古时期，尧、舜、禹的智慧与仁德以及部落走向联盟和国家雏形的建构历程，而这些社会期望和实践结果则主要围绕"治水"这一特殊对象来展开。治水不仅是当时社会的头等大事，也成了从部落走向联盟的重要纽带以及天下大统的关键推动力。在治水的过程中，体现了人对自然的实践性，同时也形成了一些共生思想。这种共生思想的具体表达就是当时部落结成联盟共同治水，使各自部落摆脱自然灾害。除了摆脱自然灾害而形成的社会共生关系以外，人与自然也形成了一定的共生关系。

尊重自然律不完全等同于屈服于自然，人可以充分发挥主观能动性认识自然和利用自然。在充分尊重自然律的基础上，本着和谐共生的理念改造自然。这种改造以人的需要，即"以人为本"的行动逻辑为基点。当然，在人与自然互动的过程中，人的需求行为也是有所规范的，并非永无止境、毫无边界。在整个自然界中，可以说人类是最大需求体，实践空间和消费量也是最大的，这也是"以人为本"思想的实践结果。倘若没有人的创造性实践和"以人为本"的思想，也就没有人类社会与自然的"二元对立世界"之说。人是极具目的性和针对性的动物，所有的人类社会实践几乎都按照人的需求基点来进行建构和重构，没有意义和价值的活动，人几乎没有做出任何的实践行为反应。自从人类"脱离"自然界后，总是沿着群体目标开展各类社会实践，有些目的性强，有些针对性较弱。不管怎么样，持续性群体目标是人类的一种特性，这种群体目标也是一种社会共生的过程。人与自然界其他生命体相比，更懂得集群智慧和利用集群智慧。人把这种集群智慧从人类社会推及自然万物，凝聚成人与自然和谐共生的思想，从而使人与自然形成了相互依存、和谐共生的关系。

在人与自然的互动过程中，人更具主动性。正如恩格斯所说："只有人能够做到给自然界打上自己的印记，因为他们不仅迁移动植物，而且也改变了他们居住地的面貌、气候，甚至还改变了动植物本身，以致他们活动的结果只能和地球的普遍灭亡一起消失。"① 但人的实践性具有双重效应，即积极效应和消极效应。只有提高人的认知能力，发挥人的积极性、主动性和创造性来促进生态环境的良性发展，才能实现人为实践的积极作用，从而实现社会经济发展与人口、资源、环境等和谐发展。

二
人与自然的关系的演变态势

人与自然的关系一直都处在动态演变过程中。这种演变往往伴随着人对自然的不断认识，以及人对自然的长期实践性。从人类尚未"脱离"自然界到人类社会建构和形成初期，人对自然界具有较强的依赖性，主要表现为对基础生存资源的依赖。在人类早期生活史上，可以说自然界是人类一切生活必需品的主要来源。人类虽然在生存条件上依赖自然界，但对整个自然律的认知是极为有限的。因此，在人类社会建构初期，人对自然界的关系则为顺从。然而，随着时间的推移，以及人类社会的进步和发展，人对自然的认知也有了进一步的拓展和延伸，尤其是随着科学技术的发展和革新，人类对自然从起初的简单认识、过分依赖向客观认识自然、利用自然和改造自然转变，这种巨变是人类长期创造性实践所为。人类对自然的认知向度发生很大的改变，主要取决于人类科学思想的出现和技术力量的发展。

---

① 《马克思恩格斯全集》（第25卷），北京：人民出版社，1957年，第18页。

伴随着科学技术的进步,人类对整个自然界乃至地球之外的浩瀚宇宙世界均充满永无止境的好奇心,以至于地球之外的人类实践性活动得以成为可能和产生。总的来说,是科学技术使人类拥有了对自然界和地球之外的宇宙探索的信心和力量。科学技术的发展和革新是人类认知未知世界的核心信念和动力基础,但在人类为自身的创造性实践感到欣慰和满意的同时,人与自然的关系却走到了另一个层面,人类对自然的占有欲和"所有权"越来越大,而自然赋予人类的资源日趋有限。因此,两者的关系出现了极大的危机,主要表现为自然资源稀缺、生态破坏、全球变暖、海平面上升、种群结构变异等问题。故而,反思人类的实践行为和探索新的持续性生存智慧,则成了人们普遍关注的焦点。建构和践行和谐共生理念则是权衡人与自然的关系的基础,也是维系两者关系持续稳定与和谐发展的关键力,本着和谐共生理念来发力助推人与自然的关系走向共生共在,才符合人的根本创造性实践。

(一)人对自然的单向性依赖

在人类社会初期,人类可以说是大自然中的弱势群体,自然是人类生存的依赖。由于人类最基本的生存资源均源于自然,包括衣、食、住、行等,所以人类对自然的早期实践活动呈现出极大的依赖性。研究表明,人源于自然界,是动物群类的一种,因创造性劳动而"与众不同",从而建构与自然相对应的人类社会。在建构人类社会初期,人的实践活动呈现出极大的艰难性,主要表现在基础生存条件上,例如人类刚从动物界"脱离"出来,身体机能仍旧处于发展初期,脑力还比较欠发达,最基本的衣、食、住、行等需求,仍然遇到极大的挑战。早期人类社会的衣物及装饰品均取自自然界,尤其是动物和植物。早期人类通过一定的实践劳动,巧妙地把树皮和动物的皮制作成最基本的衣物,以防暴晒和御寒,这种实践行为一直延续至今。这样表述或许有人会费解,时下不已是现代社会了吗,怎么还会存在这样的生存行为?当今世界是否依旧存在这样相对滞后的生存方式呢?答案是有的。这种生存行为主要分布在科学技术欠发达和生产力水平较低的国家或地区。尽管当前人类社会总体步入高度发展水平，但在全球范围内，仍有尚未被认知的空间。这些空间中的一些存在体依然未被现代人识别和解读。

南美洲亚马孙河流域有一个与现代社会隔离几百年的部落，这个部落是被开普勒大学一个教授发现的，也有人说，部落的生活图片是被考察队在飞机上拍到的。从相关材料解说和图片展演来看，该部落生活方式仍旧原始，与现代社会形成鲜明的对比。他们身上没有太多衣物遮掩，几乎赤裸一身。身上穿的几乎全部为自然界的初始之物，没有经过现代加工。由此可见，由于社会生产力较低，人类对自然界的选择是有限的，其依赖程度极高。当然，全球化背景下的今天是否真正存在这样的族群部落，也是众人所关心的一个问题。这里暂且不谈其存在的真实性问题，就人类社会演进史而言，经历这样的发展历程是不可避免的。

早期人类社会，在对自然的依附上，主要围绕衣、食、住、行来展开。在人类社会萌芽阶段，人不仅是"自然之子"，也是自然的顺从者。尽管在整个人类社会初期，人的实践性依旧进行着。然而，人的实践性仍旧在自然律的范围之内，许多实践行为受到自然律的约束和影响。因此，在早期人类社会，人对自然具有单向性依赖。

（二）人对自然的高度认知与实践异化

伴随着人的长期创造性实践以及人的主观能动性的强化，人对自然的认知由原来的单向走向多维，实践行为也更具主动性，自然界越来越多地打上人的烙印。人不断按照自身的需求基点和群体目标源源不断地向自然界索取，从而建构符合自身需求的社会目标。在这一社会发展阶段，人的实践自由度更高更大，自然界成了人类规划自我的资源宝库和人类社会前进发展的动力来源。在工业社会以前，即人类农耕社会时期，人对自然的认知较早期人类社会有了很大进步，至少在对自然的利用上更加强势，整合自然资源的能力更具针对性，几乎一切人类实践行为的出发点和落脚点都离不开人的诉求。

　　进入工业社会之前，人类对自然资源的整合能力极为有限，对自然的利用率较低。也因如此，人类从自然界索取的方式十分粗劣。在相对高度认知的基础上，人类向自然界发起了突飞猛进的进攻来实现自身的基本需求。人类在建构自身世界的过程中，将世界划分为天、地、人三个层次，而人介于天和地之间，同时人也通过天和地来实现自身目标建构。例如人根据节气来进行社会生产生活，尤其是农业活动。在传统的农耕社会，遵天象而生的智慧是十分重要的，能否实现五谷丰登，天象成了关键性因素。在中国传统社会里，按节气和时节进行生产生活的案例不胜枚举。遵天象不仅在传统社会有所体现，在当今社会，依然需要遵照自然律中的天象。人们在利用天象的同时，对地的利用也是极为重视的。当然，与现代社会相对比，传统社会对地的利用力和利用率也是极为有限的，当前的房地产可以说是人利用地的最高人为图景。

　　在传统社会里，由于人对地的认知具有局限性，所以只能对地做粗浅的认知和利用。对地的利用依旧绕不开人的衣、食、住、行。诚然，现今社会对地的利用取向也绕不开这四个方面。与现代社会相比，传统社会对地只能做表层利用，对地的深层次结构的认识和了解并不深刻。虽然对地的认知具有局限性，但传统社会的人，依旧将自身的认知能力发挥得淋漓尽致。例如，从粗放的刀耕火种到精耕细作的稻作，这也是对地的一种利用方式的大转变。除了将地作为最基本的生产资料来源，传统社会的人还把地伸展到其他领域，如建造房屋、烧制陶器、修桥建路等。可以说，人类对自然界的利用是无限扩大的。

　　人与自然具有同构性，两者是一个整体。人是自然界的抽离物，是其长期创造性实践的结果。人类在对自然具有较高认知能力的基础上，不断地利用自然和改造自然。伐木起舍、拓土开荒、"尊天命"等无一不是人类认知能力提高的表现。但人类却没有对现有认知能力感到满足，而是更加向自然界发起进攻。从植物界到动物界，几乎都能找到人的实践行为痕迹。人通过自身的认知和实践，将自然界中的动植物进行归类，并将一些动植物引入人类社会生活。人类的食物是通过长期实践抉择而形成的，是人类有意识的实践行为，自然界中的一些动物演化成人类社会生活中的家禽以及各种肉类食品。自然界中的植物也一样，通过人类有目的的不断选择，有些植物成为人类衣、食、住、行的材料来源。这些都是人类有目的、有意识驯化和培植动植物的实践结果。

由于人类的欲望具有扩张性，在人向自然界索取基础生存资料的同时，征服和控制的念头充斥着人的意识观念和实践行为，人与自然的关系也因此越发紧张。尤其是进入工业社会以后，人对自然的认知能力和水平达到前所未有的高度，对于探索自然界的未知空间的欲望和能力更加突显，这种毫无节制的欲望和空前发达的科学技术，一方面把人类带到了一个物质充沛、物欲横流的世界，另一方面也加剧了人与自然的矛盾。人与自然的关系走到极度紧张的境地，表现为自然生态失衡、群种结构异化、气候变暖、水土流失、自然灾害频发等。这些都是人类过分自信和欲望极度膨胀导致的结果。

（三）人与自然的双向互动与"和谐共生"实践

人在与自然长期互动的过程中，历经了这样一条线路图：对自然的崇拜—认识自然—利用自然—改造自然—与自然和谐共生。其中第一个阶段是人对自然的依赖。在这个阶段，人类活在自然之中，依赖自然为生，享受着自然的恩赐和庇护，在大地之上恬淡地生活，大地则回报给人类以丰饶的物资。第二阶段到第四阶段，可以说是人对自然认识和改造的过程，也是人与自然的关系极为复杂多变的阶段。一方面，人类从自然界中获取了最基本的生存资源；另一方，由于人的欲望无极限，人类对自然界的过度索取和不可持续、不合理的利用，引发了自然生态失衡和生态危机。因此，人类遭受的自然灾害不断增多，自然对人类社会的破坏力也不断增强。因而，人类在重建自身家园的过程中，不断反思和总结自身的实践行为，并试图与自然建构新的互动方式。在和谐共生理念的基础上，两者的互动模式为双向互动，而不再以人为绝对的中心，把自然视为人类社会不可割裂的共生部分。

在现实生活中，我们不仅要"以人为本"，还要摆正人与自然的关系。一是敬畏自然。中国传统社会将天地位列于祭祀之首，与神灵相结合，自天子至百姓，莫不顶礼膜拜，对自然充满敬畏之情。二是辅佑自然。人负有"赞天地之化育"的伟大使命，应辅佑自然，推动自然朝着生生不息的方向发展。三是顺应自然。既要戒除违反人的自然本性和破坏自然状态的行为，也要戒除违反自然万物的天然本性和改变天然状态的行为。四是效法自然。遵守万象万物固有的规律，而不妄加改变；尊重万象万物的自然本性，不妄加改变；维护万象万物的自然存在形态，不妄加破坏。①

事实上，在人类社会早期就曾有过一些关于人与自然和谐共生的思想和实践案例，只是这种共生思想没有被人们提升到一个很高的程度。目前人们将人与自然和谐共生的理念推到一个前所未有的高度，并采取各种有利途径来改善人与自然的共生关系。人类之所以如此关注自身与自然的关系，一方面是人的认知能力的全面提高；另一方面是人与自然的关系走到了另一种极端，两者的关系面临着破裂和瓦解。基于这样一种事实，规范人的实践行为和寻求与自然和谐共生的路径，极为迫切，也势在必行。为了全面认识和改善人与自然的共生关系，几乎所有的领域和范畴都做出各种尝试和努力，从个体到群体、从个人到国家、从意识形态到实践行为、从自然科学到社会科学等。在国家层面，有相应的制度安排，例如与自然有关的法律法规等；在个体层面，除了践行国家制度规范以外，还有生态伦理和道法自然思想作为个人的实践行为规范。在学科上，从自然科学及其技术力量到社会科学以及人文关怀，均提出了不同的理论指导和实践方法论，这些努力对于改善人对自然的认知具有重大的指导意义。

人对于自然的认知是在长期的社会实践中形成的，正如哈贝马斯所

---

① 陈杰：《天人合一：现代科技观与生态观的价值取向》，《云南师范大学学报》2005 年第 2 期。

说的那样：“我们只能在劳动过程中所揭示的历史范畴内才能认识自然界；在劳动过程所揭示的历史范围内，人的主观自然和构成人的世界的基础和周围环境的客观自然界是联系在一起的。自此，‘自在的自然界’是我们必须加以考虑的一个抽象物。但是，我们始终只是在人类历史形成过程的视野中看待自然界的。”①

自然界有其独特的内在价值，对于人类而言，虽然这不是绝对价值或终极价值，但自然界的价值也不因人类的主观意志和价值评判而发生较大的改变。自然界既有它自身的内在价值，即自身的生命存在的权利和目的，又有外在表现价值，内在价值作为整体价值的一部分，贯穿在外在价值之中。“内在价值和工具价值彼此变换，它们是整体中的部分和部分中的整体。各种各样的价值都镶嵌在地球的结构中，犹如宝石镶嵌在其底座中，价值的底座就是价值的生养母体。”② “内在价值恰似波动中的粒子，而工具价值亦如由粒子组成的波动。”③ 基于此，“我们就要承认不仅人是目的，而且其他生命也是目的；我们不仅要承认人的价值，而且要承认自然界的价值。在这里，价值主体不是唯一的，不仅仅人是价值主体，其他生命形式也是价值主体”。④ 由此足见，只有重视人对自然的道德情感和道德行为在历史与现实中的存在，充分发挥价值判断与道德伦理的规范性，人与自然的共生关系才会有新的突破和实质性进展。

“和谐共生”一词源于我国传统文化。在中国传统文化中，普遍认为世间的万事万物都是彼此相互联系、相互依存的。人和自然的关系亦如此，是一种永恒的和谐共生关系。人与自然的共生性，具体表现为和睦相处、协调发展。在现代生态学上，共生是不同生物种类成员在不同

---

① 〔德〕哈贝马斯：《认识与兴趣》，郭官义、李黎译，上海：学林出版社，1999 年，第 29 页。
② 李想：《人与自然和谐共生研究》，中共中央党校博士学位论文，2010 年，第 40 页。
③ 〔美〕罗尔斯顿：《环境伦理学》，杨通进译，北京：中国社会科学出版社，2000 年，第 297 页。
④ 余谋昌：《生态人类中心主义是当代环保运动的唯一旗帜吗》，《自然辩证法研究》，1997 年第 9 期。

生活周期中其重要组合部分的一种联合（symbiotic association）。作为现代生态学概念，共生绝不排除"斗争"。事实上，人在进化过程中，既与自然生态共生，又有斗争。共生中有斗争，斗争中存在共生，自始至终。随着时代的发展，后人将共生这一概论引至人文社会科学研究领域，并将其视为一种哲学，把和谐共生视为共生关系的"太上之境"。它既不同于近代以来支配自然的思潮，也不同于希冀与自然一体化的思潮，而是规范人与自然今后关系的理念和指范。人与自然的和谐共生关系，是两者的统一和对立要素的有机结合。两者都是客观存在的实体，作为同构下的同质性实体相互依存，同时也有向异质性开放的发展态势。两者基本处在一个动态的、调和的、协同进化的过程中。在长期的实践互动过程中，两者既有共性，也有各自的个性。共性表现为相互依存、彼此协调、和谐共生，而个性则表现为各自相对独立。

在同一个地球上，尽管人们分布在不同的时空中，但彼此的生态环境是一个相互联系、相互影响的整体。如同一条河流一样，虽有不同的分流与河段，但彼此却相互联系在一起，延绵不断。人与自然本属同构物，人是自然中的一个重要组成部分，自然赋予了人存在的空间和发展动力，人反过来作用于自然，在一定程度上影响自然。其实人作为自然界的"天之骄子"，对于整个自然界的持续稳定发展，与其他动物群类相比更具能动性和主动性。人可以通过自身智慧作用于自然，从而保持生态平衡。例如人工培植动植物，以确保即将面临灭绝的动植物得到延续；又如人工植树造林，进而绿化人类自身的家园，同时也净化了空气和调节了气候；等等。这些都是人类认识自然规律和利用自然规律的经典范例。就人类社会历史演变而言，人是通过创造性实践而使自身从自然界"分离"出来作为一个实体存的。据相关研究表明，人与黑猩猩在生物性上具有巨大的相似性，要是追溯人类起源的话，人与黑猩猩可能源于同一个群类，只是各自的实践效果不一样，进而形成的结果有所不同而已。人通过一系列持续的创造性实践，终于走出森林并以双脚步行，从而形成了"人"。人与其他动物有着很大的差异，这种差异归根结底，还是劳动、语言、思维等差别。人通过工具制造和共同劳动对自然展开有目的、有意识的实践活动，并从最具集团性的动物群体中分离出来，尤其能通过语言以及能够自由地利用象征符号来表达自身的诉求，而且这种诉求具有较强的持续性和目的性。人与自然的关系遵循着同构进化—分离异化—共生和谐的过程，这是一个相互依存、协调共生的发展历程。

三
人与自然和谐共生的基本路径

（一）树立正确的生态观和科技观

众所周知，良好的意识前提或理论基础，对于实践行为具有较好的指导意义，改善人与自然的共生关系也是如此。因此，提高和强化人的生态观极为重要。可以说，转变人的观念和端正人的实践态度是实现人与自然和谐的关键点。目前，正值生态危机严重威胁人类生存和发展的关键时期，为了更好地改善人与自然的关系，人类有必要重新审视自己对自然界的不良态度和实践行为，具体包括对人类的社会生产以及生活方式进行反思。长期以来，人类习惯以自然界的主人自居，将自然界视为人类满足私欲的基本场所以及资源索取与掠夺的对象来源，并把征服和占有自然界的"能力"当作炫耀的资本。当前，倘若人们还以这样的态度和方式来对待自然界，那么人与自然的关系必将走向另一种极端，进而危及人类与自然的共生关系，以及影响人类的生存和发展。

纵观科学技术发展史可以发现，科学技术促进了生产力的发展。首先是促进了劳动对象的变革和发展。由于科学技术的发展、劳动对象范围的扩大，新的燃料和原料不断被发现，新的材料被制造出来。不但新的燃料、原料、材料被及时利用，而且其利用率大大提高。其次是促进了劳动手段的变革和发展。随着纺织机、蒸汽机、电力机等机器的不断涌现，劳动手段产生了根本性的变化，劳动生产率大大提高。① 科学技术在推动社会向前发展的同时，也给人类社会带来许多难题。

对于人类的实践行为，恩格斯曾经这样说道："不要过分陶醉于我们对自然界的胜利。对于每一次这样的胜利，自然界都报复了我们。"② 从某种程度上来说，人与自然的关系是一种同构关系，人原本隶属于自然，永远也是。破坏自然生态则意味着破坏了人类自身和生活家园。基于这样一种事实，人类应该从自身与自然界统一的立场去认识自然、利用自然、改造自然，改变对自然的索取方式，控制相应的实践强度。同时还要树立正确的人与自然和谐共生的观念，并将人类的道德关怀扩大到自然界，进而尊重自然、善待自然，将人类的实践活动限制在生态可承载范围之内，以人与自然和谐共生的理念来指导人的实践行为，合理地、科学地利用自然资源，自觉调整人与自然的关系，从而实现人与自然的全面和谐发展。

人在创造性实践过程中，除了树立良好的生态观以外，还要树立科学的科学技术观。科学技术是人类长期创造性实践的结果，是人类脑力劳动和体力劳动共同协作的结晶，同时也是人类认识自然、利用自然和改造自然的重要途径和有力工具，是人类对自然界展开自身实践活动的关键中介。正是科学技术的进步与发展，提高了人类实践活动的水平。因此，一方面科学技术体现了人的主体性，将人视为自然界的"主人"，把自然界的价值理解为满足人对自然的索取，并把人的需求作为一切实践行为的唯一的出发点和落脚点的思想推到了极致，从而使人类社会走向另一种误区；另一方面，因人的认知能力具有局限性，在对科学技术的作用认识上仅限于人类征服自然、统治自然，从某种程度上来说，加快了自然被破坏的速度。人类在发展科学技术的同时，由于不合理和不科学地利用科学技术而破坏了人类赖以生存的自然生态，造成大量的自然资源耗尽以及环境污染等，从而给生态系统带来一系列的负面效应。

---

① 罗昌宏：《马克思、恩格斯的科技观》，《武汉大学学报》（社会科学版）2001 年第 5 期。
② 《马克思恩格斯全集》（第 25 卷），北京：人民出版社，1957 年，第 927 页。

第一，现代技术的不合理、不科学应用加重了环境污染，如大气污染，特别是酸雨、温室效应、臭氧层破坏等环境问题。

第二，兴建大型科技工程也会加重对生态环境的破坏。例如阿斯旺大坝，水坝在结束尼罗河泛滥的历史、生产廉价的电力和灌溉农田的同时，也给尼罗河流域的生态环境带来极大的破坏，从而引发一系列的自然灾难。事实上，科学技术给人类带来幸福还是造成灾难，并不取决于科学技术本身，而是取决于使用科学技术的人。科学技术本身不具有好与坏的讨论空间，因而对科学技术的反思，实际上是对科学技术如何被合理使用的反思。

第三，自然资源遭到了前所未有的过度利用和破坏性开发，人们努力将科学技术的力量发挥到极致，不断地探索自然界，并毫无节制地向自然界发起进攻。例如伐树削山、围湖造田等实践活动，导致植被破坏、水土流失、物种灭绝等问题，从而使人类可利用的自然资源日趋减少，自然的生命力也遭到了极大的削弱。科学技术的使用不仅要从人的物质诉求出发，还应考虑自然界的承受能力，并与生态环境形成和谐共生的格局。

科学技术作为一种社会活动，是人类自我表达的一种形式，它负载着人的目的、价值，当人在科技发明和应用中过分强调自身的主体性而忽视自然界的内在价值时，人与自然的矛盾就会加深，就会导致科学技术的异化、生态危机和反主体效应。科学技术的生态化是以生态化作为科学技术的主旨向度和使命，一切科学技术都应该以维护生态平衡作为自己的发展前提，从而实现科技、生态的最优化和整个社会的可持续发展。而要真正解决科学技术产生的问题，则需要将人的全面发展的需求和自然环境的保护作为内在因素融合到科学技术当中去，并从整体、生态和可持续发展的角度来处理生产和消费的关系，始终在生态层次上运用科学技术，从而规避科学技术所带来的负面影响。①

① 马兰、吴宁：《生态视域的科学技术——生态学马克思主义科技观述评》，《华中科技大学学报》（社会科学版）2008 年第 2 期。

科学技术的发展和应用应以人与自然和谐共生为基础。因此，人与自然的共生关系的改善和稳定，很大程度上只能通过人类的自觉努力，人的创新、改造、控制和管理来实现。当人类运用自己的智慧和能力作用于自然，并成功地使生态的恢复超过人们对其的利用与索取时，优化的自然环境就能反过来为人类的进步发展提供优越的条件，形成人与自然互利共生、协同共进的天人关系，从而使人与自然的共生关系得到真正的改善和发展。

（二）规范人的实践行为向度

在规范人的实践行为时，改变人的生产方式极为重要，而调整产业结构则是改变人类生产方式的一大举措。当前，产业结构不合理、不科学，加剧了人与自然的矛盾。改善人类的生产方式是一个难题。目前人类社会主要发展第二产业，也可以说是工业，在人们发展工业的过程中，由于不合理、不科学的生产方式，人与自然的关系出现紧张局面。因此，在以工业为主导的今天，应该积极调整工业的组织结构、技术结构，改进生产设备等，减少高耗能和重污染的工业。同时利用现代新型科学技术，发展耗能低、污染物排放量较少的工业，不断提高资源利用效率，保护生态环境，努力实现产业生态化，进而促使第一产业、第二产业、第三产业的生产活动与自然资源和环境承载能力相适应，保证人类社会总需求与自然供给相平衡。鉴于此，应该积极践行清洁生产活动，以生态化改造工业园区和经济技术开发区，大力发展生态工业。除此之外，积极发展回收再利用产业和环保产业，不断提高资源生产率及其循环利用率。严格执行环境准入标准，提高环保准入门槛，限制和禁止高耗能、高耗材、高污染的企业；实施"优胜劣汰"的企业制度，对技术落后、浪费资源、污染环境的企业进行强制淘汰，倡导建设和发展生态环境友好型企业。

事实上，当代许多环境危机的直接根源在于"科技异化"，这种科技异化的本质不在科技本身，而在于人，人的异化是科技异化的实质。

科技异化是由人自身的异化引起的，是人的异化所必然产生的结果，因为科学技术是由人来操纵和控制的，科学技术怎样发展、怎样应用完全取决于人、取决于人的需要，而人的需要又是由人的理性所决定的，也就是说科学技术的应用主要取决于使用者——人的意愿、目的与素质。[①]从某种意义上来讲，生态治理的科技异化是人的生态行为异化。因此，人类只有使科学技术的发展与生态环境达到平衡协调，才有可能实现可持续发展。而绿色科技就是适应社会可持续发展的科学与技术，或可称为可持续科技。它首先是对整个科学技术活动的一种导向，而不是仅就某一门学科的性质、某一个定律的内容或某一项操作的功能来说的。从科技发展的基本要求来讲，各门科学技术、各种科学技术活动，都要符合生态化的方向，并且有利于人与自然的协调发展。绿色科技的核心就是要研究和开发无毒、无害、无污染、可回收、可再生、可降解、低物耗、低排放、高效、洁净、安全的技术与产品。[②]

在调整产业结构的基础上，还要规范和改善人类的消费方式和消费行为。消费是人类最基本的实践，也是人类社会一切经济活动的出发点和落脚点。生产是消费的基础，消费是生产的动力，具体来说，消费是人类实现社会再生产的重要保证。人可以根据自身的预设和需求进行社会生产，也可以根据社会生产的数量来进分配和消费。事实上，消费只是社会再生产的一种手段或途径而已，倘若人把消费无限放大并当作终极目的的话，那么人类就会走进另一种困境，即充满恶性循环的物欲世界当中，这是一种非常可怕的景象，是人类不想看到的未来。弗洛姆曾经说过，人本身越来越成为一个贪婪的、被动的消费者，物品不是用来为人服务，相反，人却成了物品的奴仆。不合理和不科学消费，不仅是人类消费行为的一种异化和扭曲，更是对自然资源的浪费和破坏，进而会引发一系列的人与自然的矛盾，例如自然资源稀缺、

① 王凤珍、刘猷桓：《类哲学为基础的新人道主义的科技观及其对环境危机的克服》，《科学技术与辩证法》2007 年第 6 期。

② 袁正英：《绿色科技观：当代科技与伦理的结合》，《湖南社会科学》2008 年第 3 期。

种群结构异化等。这些问题会给整个自然界带来毁灭性破坏。因此，必须规范人类的实践行为，尤其是人类对自然的消费行为，使之更加合理和科学。

科学技术的发展在深刻地改变人类社会生活的同时，对生态环境的影响也日益广泛而深远，并对环境产生了负面影响。这种负面影响甚至打破了国家和区域的边界，危及人类生存。例如核武器有可能对人类赖以生存和发展的基础——生态环境产生毁灭性的破坏，使地球进入冬眠状态。科学技术的发展必须适度，它必须关注人类后代的自然生态环境和人化生态环境，确保当代人留给后代人的生态环境是对后代人有利无害的。倘若忽视后代人的生态环境及其利益，那么将可能导致人类社会提前终结。① 这种结果也不符合人类社会发展期望，更不是人类社会发展的目标。

众所周知，人类的生存基础和发展资源几乎全部源于自然界，自人类建构自己的世界以来，无时不在消费自然界的资源。在消费自然资源的过程中，限制人类的消费规模、顾及自然生态的承受能力、不以牺牲自然为主要目则是权衡人与自然关系的关键所在。因此，树立良好的生态消费观极为重要。人类应该本着生态道德和生态伦理来审视和规范自身的实践行为，并客观地、正确地对待自然生态，把人类的一切消费行为纳入整个自然生态系统之中，充分尊重自然规律，积极建构与自然生态相适应的消费理性和消费模式，调整好人与自然的共生关系。在共生理念的引导下，建构资源节约和环境友好的生态消费模式，降低自然资源的消耗率，实现资源利用最优的循环机制，遏制不合理、不科学的消费方式，抵制一次性消费，反对具有极大破坏性的消费行为，积极营造生态消费氛围，不断倡导科学消费观念，建立可持续发展的消费模式。在保证当代人基本需求的同时，还要兼顾子孙后代的诉求和发展，即在消费现有的自然资源的过程中，要遵循代内公平原则和代际持续

---

① 陆树程：《科技发展与当代环境科技观》，《哲学研究》2002 年第 6 期。

性发展的基本法则。在这样的理念指导下，推动人与自然和谐共生、相互促进，而不是绝对的"人类中心主义"，并控制人的消费欲望，以免放大到毫无边界的境地。在现实社会生活中，倡导生产既没有污染，又有利于人类健康和自然生态协同发展的产品，鼓励和引导人们消费绿色食品。这不仅能保证人类生命结构稳定和生命力持续发展，还能够确保自然生态资源高效利用，进而有利于生态稳定和人类社会可持续发展。

（三）加强建设性制度安排

在调和人与自然的关系时，除了树立人与自然和谐的生态观、建立可持续经济发展模式，以及树立新的可持续消费观以外，还必须加强法制建设，建立健全环境法治机制和完善环境立法制度，使人与自然的关系被限定在法律制度范畴之内。从20世纪中后期以来，我国相继颁布实施了一系列环境保护法律法规，初步形成了人与自然互动的法律保障体制，在改善人与自然的关系方面发挥了重要的作用。然而，已有的环境法律法规仍存在许多不足，部分法律法规之间存在矛盾，明显不能适应我国经济社会快速发展的要求。因此，应在修改存在严重缺陷的法律法规的基础上，逐步健全完善环境资源法律法规体系，从而真正做到依法统筹人与自然协调发展。

在健全和完善相关法律法规的同时，还要调整人口结构、提高人口素质、控制人口数量，并使之与自然生态协调发展。江泽民同志曾在第四次全国环境保护会议上的讲话中指出："经济发展，必须与人口、资源、环境统筹考虑，不仅要安排好当前的发展，还要为子孙后代着想，为未来的发展创造更好的条件，决不能走浪费资源和先污染后治理的路子，更不能吃祖宗饭、断子孙路。"控制人口增长，保护生态环境，要解决人口问题，协调人和自然的矛盾，需要国际组织的努力，更需要各国采取切实有效的措施，调节人口数量，缓解人口对资源生态环境的巨大压力，从而实现人与自然的和谐发展。人口不断增长带来许多生态问题，例如生态失衡、种群结构异化、水土流失、温室效应、臭氧层被破坏、噪声污染、"垃圾包围城市"等。地球上的任何一个人们共同体都是在一定的自然资源范围之内开展实践活动的。因此，人口的发展也应与自然生态环境的承载能力相适应。

第二章

我国传统消费逻辑与生态
消费哲学演变

在探讨苗族传统生态消费文化之前，有必要对我国传统消费逻辑以及传统生态观念进行认识和了解，以便全面把握苗族传统生态消费文化。苗族文化作为中华文化的一个组成部分，其形成和发展也离不开中华文化大气候的影响。因此，在探讨和深究苗族传统生态消费文化时，不能忽略中华传统文化这个大背景。众所周知，节俭不仅是消费行为中的一种消费观念，也是中华民族的传统美德，这种美德影响中华民族至今。

一

传统社会的消费观念

在中国上古时期，社会生产力水平较低，人们创造社会财富的能力有限。为了维续生存，节俭成了当时社会的一种消费行为准则，也是一种社会规范。早在上古社会尧、舜、禹时期，大禹在治水的时候，就提出了："克勤于邦，克俭于家。"① 而勤劳和节俭在当时社会成为一种社会美德，受人们尊崇，并被视为个人的行为准则和社会规范。在中国早期社会中，"节"和"俭"是分开的，随着社会的发展才被组合在一起使用。

（一）关于"节"与"俭"的来源

有关"节"的记述，主要有竹节、关节、节气、季节、节日、礼节、节俭，等等。然而，几乎所有涉及"节"的文化，主要是由竹节发展而来，或者是其引申意，"节"在某种程度上具有节制或限制的意思，

---

① 《尚书·大禹谟》。

泛指一切事物都有一定的范围和边界。关于竹节，在我国传统文献中也有相关的记述，例如《吴都赋》中的"苞笋抽节，往往蒙结"。① 在《晋书·杜预传》中也有记载："譬如破竹，数节之后，皆迎刃而解。"② 以上的"节"均指竹节。除了竹节以外，人们还将人的骨骼以"节"命名，便有了关节一说。例如在《庄子·养生主》中就有这样的叙述："彼节者有间而刀刃者无厚。"③ 这里的"节"则指人的关节。季节和时节中的"节"用来划分一年的不同时段，主要为了便于农事活动安排。事实上，人类社会生活中的节俭、节日等有关于"节"的人或物，都是在竹节的基础上引申而来的，其内涵和外延也随着人类社会发展而不断被人们重构。

"俭"的历史渊源可以追溯到商初大臣伊尹，他希望当时的政客以俭廉身、克己，从而达到"律己、修身、治国、平天下"。在《尚书·太甲上》中有这样的记载："慎乃俭德，惟怀永图。"④ 许慎在《说文》中将"约"注释为"俭"，即曰："俭，约也，从人佥声。"⑤ 在古代汉语中，"俭"的意思主要围绕勤俭于身、克制自我、避免浪费来拓展，进而控制人们的放纵行为，并形成良好的自我约束。在我国传统社会，常有因俭身而受人赞誉的典范，例如楚成王对重耳俭身的赞美"晋公子广而俭，文而有礼"，⑥ 记述了晋国公子重耳因俭身、儒雅而被高度赞扬的事实。另外，还有儒家代表孔夫子，在生活中常常因俭身而被人们美赞。孔子之所以受人们尊重、信任和爱戴，正如孔子弟子子贡所说的那样："夫子温、良、恭、俭、让以得之。"⑦ 这里的俭与温雅、善良、恭敬、谦让相并列，是孔子美德外盛的关键所在。有关俭和恭的关系，在《孟子·离娄

① 于学仁：《于湜之小楷书三都赋》，天津：天津杨柳青画社，2007 年，第 22 页。
② 房玄龄等：《晋书》，长春：吉林人民出版社，1995 年，第 591 页。
③ 郭象注，成玄英疏：《庄子注疏》，北京：中华书局，2011 年，第 66 页。
④ 《尚书·太甲上》。
⑤ 段玉裁：《说文解字段注》，成都：成都古籍书店，1981 年，第 398 页。
⑥ 《左传》（上），北京：线装书局，2007 年，第 121 页。
⑦ 杨伯峻译注《论语译注》，北京：中华书局，2006 年，第 7 页。

上》中曾有这样的记载："恭者不侮人，俭者不夺人。侮夺人之君，惟恐不顺焉，恶得为恭俭？"① 大概讲述的是，恭敬的人不会轻易侮辱别人，勤俭的人不会随便占有别人的东西。具有侮辱之心和占有他人之欲的国君，别人是不会顺从的，而自己又怎么会做到恭敬和克己呢？实际上，在中国古代社会里，俭更多表达的是克己、节欲等良好的自我约束行为。

在中国传统社会里，节和俭有时会互用，具有相似意义的表达。随着社会的发展，节和俭才逐步合并在一起使用，并意指节约俭用。在一些古文献中也有相关的记载，如《晏子春秋》中谈道："法其节俭则可，法其服，居其室，无益也。"② 主要讲述的是景公和晏子的治国对话，景公想通过效仿古人的做法来使诸侯臣服，而晏子则认为，前人的节俭美德可以效仿，但效仿他们的衣服和居室，并没有什么大的益处。有关节俭的并用，在《史记》中也有相关的记载，如："盖闻治国之道，富民为始；富民之要，在于节俭。"③ 主要探讨的是治国、富民与节俭的内在逻辑关系。又如《太平乐词》中的"岁丰仍节俭，时泰更销兵"④，这里的节俭，体现了一种居安思危的思想。事实上，在中国传统社会里，节俭已经深入中华民族的骨髓中，并影响着中华民族的行为品德，节俭也因此在中华民族的社会发展历程中成为一道亮丽的美德风景线，备受人们推崇。

（二）中国传统节俭美德代表与消费思想

早在中国上古社会，就有"菲饮食、恶衣服、卑宫室"的主张。⑤ 在《尚书·大禹谟》中，记述了禹在治水时提出"克勤于邦，克俭于家"的思想；在《周易》中则这样阐述"天地节而四时成，节以制度，

---

① 杨伯峻译注《孟子译注》，北京：中华书局，1960年，第177页。
② 王思平注释《晏子春秋：注释本》，北京：华夏出版社，2002年，第57页。
③ 司马迁：《全本史记》（第4卷），北京：中国华侨出版社，2011年，第698页。
④ 白居易：《白居易集》，长沙：岳麓书社，1992年，第308页。
⑤ 杨伯峻译注《论语译注》，北京：中华书局，1980年，第84页。

不伤财，不害人"的节制意识；而《左传》则将节俭与奢侈作为善恶的两极，认为"俭，德之共也；侈，恶之大也"。① 儒家在继承尧舜禹时期节俭精神的基础上主张"克俭持家，用财有制，节之以礼"的消费观。在中国古代社会中，因注重节俭而获美名的主要有道家、儒家、墨家等。

众所周知，老子是道家的主要代表，其思想和智慧对后人影响深远。老子向来主张无为而治、清心寡欲、顺其自然。就节俭观而言，老子也有自家独到的见解。他对物的需求，形成了"够了就好"和控制欲望的理念。因此，他说："五色使人目盲，驰骋田猎使人心发狂，难得之货，使人行妨，五味使人之口爽，五音使人之耳聋。是以圣人之治也，为腹不为目，故去彼取此。"② 并且，老子还将俭视为为人处世的"三宝"之一，他说："我有三宝，持而保之。一曰慈，二曰俭，三曰不敢为天下先。"③ 由此足以说明老子倡导节俭，并在自己的生活中践行这种理念。同时老子还认为缺乏道德规范、价值指引和一味逐欲的活动会使人类社会陷入混乱。他认为，人的贪欲一旦过分施展，将会使人"役于物、累于形、害于生"，从而导致个人的生理和心理失衡，严重者则将危及自身乃至他人的生命，酿成悲剧。因此，老子又提出了"名与身孰亲？身与货孰多？得与亡孰病？甚爱必大费，多藏必厚亡。故知足不辱，知止不殆，可以长久"。④ 老子这是在向世人发出警告，只有把握好人生中的各种得失才能久安。

孔子在中国传统社会乃至现今社会都享有极高的美誉，其思想一直影响着一代又一代的中华儿女。从修身齐家到治国平天下，无不显示出孔子的智慧和伟大。崇俭也是孔子的主要思想之一，而这种思想无论在中国传统社会，还是在现今中国社会都具有较强的社会规范力。在孔子的思想体系中，礼和节极为重要。在消费上，孔子则认为："奢则不孙，

---

① 左丘明著、李维琦等注《左传》，长沙：岳麓书社，2000 年，第 91 页。
② 严华英：《中华传世名著文库·老子》，北京：中国戏剧出版社，2004 年，第 29～31 页。
③ 陈鼓应：《老子注译及评介》，北京：中华书局，1984 年，第 318 页。
④ 《老子·第四十四章》。

俭则固。与其不孙也，宁固"；① "礼，与其奢也，宁俭；丧，与其易也，宁戚"。② 他认为，礼与节具有密切的联系，应当处理好两者的关系，过分的奢靡必对社会带来消极的影响。孔子向来提倡节俭，他认为治国必须"节用而爱人"。③ 史称，颜渊死，门人欲厚葬之，孔子曰："不可"。④ 他本人说到做到，子贡评价说："夫子温、良、恭、俭、让以得之（政事）"。⑤ 对于名利，孔子认为："士志于道，而耻恶衣恶食者，未足与议也。"⑥ 这就说明他不在乎衣食是否华丽与美味。他说："君子食无求饱，居无求安。"⑦ 对于个人的生活，孔子是这样说的："饭疏食饮水，曲肱而枕之，乐亦在其中矣"。这就说明他不想追求奢华的生活，即使在粗茶淡饭中，他也能找到真正属于自己的乐趣。孔子不仅将节俭视为一种消费观念，他还认为崇尚节俭是一种美德，因此他说："以约失之者鲜矣。"他提出了通过节用而富民，民富而国富的美好治国理念，于是他说："道千乘之国，敬事而信，节用而爱人，使民以时。"并且还说："百姓足，君孰不足，百姓不足，君孰与足。"孔子有一个弟子叫颜回，家境贫寒，生活简朴，因而被孔子这样赞赏："贤哉，回也！一箪食，一瓢饮，在陋巷，人不堪其忧，回也不改其乐。贤哉，回也。"⑧ 从孔子称赞弟子的简朴中，足以看出他对个人生活的要求以及他的道德品质和人格魅力。因此，可以说在孔子的整个思想体系中，节俭是必不可少的重要内容，而他自己认为消费行为中的节俭是相对的，有条件的，这种条件就是礼。人们的消费行为应该符合礼的要求，倘若越过了礼的标准，则会造成铺张浪费的混乱局面。孔子的节俭观，不仅是他个人的行为准则，同时也是后人效仿和推崇的一种美德。

---

① 《论语·子路》。
② 《论语·八佾》。
③ 《论语·学而》。
④ 《论语·先进》。
⑤ 《论语·学而》。
⑥ 《论语·里仁》。
⑦ 《论语·颜渊》。
⑧ 《论语·雍也》。

被称为"亚圣"的孟子，也是一个推崇节俭的思想家。他主张节俭，不主张浪费，恰如"是故贤君，必恭俭礼下"①。在孟子看来，要想富民，则需扩大社会生产，并节约开支，正如他所说的"易其田畴，薄其赋敛，民可使富也；食之以时，用之以礼，则财用不乏"。② 他还说"饱食暖衣，逸居而无教，则近于禽兽"，③ 并将人分为"大体"与"小体"，"大体"指的是人之德性，"小体"指的是人之本能。在孟子看来，如果一味地追求物质享受而不注重道德秉性修养，必将酿成"因小失大"的恶果。"饮食之人，则人贱之矣，为其养小以失大也"。④ 并且，他还指出尽管物质是人们追求一切的基础，但人的追求不应局限于物质生活，还应该扩大到物质生活以外的东西，例如人的精神追求等。于是他说"养心莫善于寡欲"。

就人们的消费行为而言，荀子本人也极为推崇节俭。他主张"节其流，开其源，而时斟酌焉，潢然使天下必有余"，并认为"强本节用则天不能贫""务本节用财无极"。⑤ 荀子认为人的诉求和欲望虽不能根除，但可以通过简朴节制的生活来实现。于是他说："饥而欲食，寒而欲暖，劳而欲息，好利而恶害"；"食欲有刍豢，衣欲有文绣，行欲有舆马"；"欲虽不可尽，可以近尽也；欲虽不可去，求可节也。"荀子在评论齐桓公不能称道的原因时，则这样叙述："般乐奢汰，以齐之分，奉之而不足"；⑥"伤国者……其于声色、台榭、园囿也，愈厌而好新……不好修正其所有，唋唋然常欲人之有……"。⑦ 因此，他要求"天子诸侯无靡费之用，士大夫无流淫之行"。⑧ 就节俭对经济发展的重要性而言，荀子明确指出"足国之道，节用裕民而善藏其余。节用以礼，裕民以政。彼

---

① 《孟子·滕文公下》。
② 《孟子·尽心上》。
③ 《孟子·滕文公上》。
④ 《孟子·告子上》。
⑤ 《荀子·成相》。
⑥ 《荀子·仲尼》。
⑦ 《荀子·王霸》。
⑧ 《荀子·君道》。

裕民，故多余"。① 由此可以看出，他倡导节约资源、积累财富。他深知
"强本而节用，则天不能贫"的智慧。同时他还提出"节用御欲，收敛
蓄藏以继之也"② 的消费观念。事实上，这种节俭观主要是基于当时社
会生产力水平较低的事实所做的抉择，提倡节俭的目的是确保社会生产
生活具有持续性。

（三）节俭与奢靡的利弊辩证

节俭，可以使人克制不合理的欲望和培养良好的习惯，因此，可以
说节俭的生活方式有利于人们克己制欲，从而形成良好的自我约束习惯。
崇尚节俭是人们追求的"虽有荣观，燕处超然"的朴真生活境界。事实
上，中国的先贤们很早就看到了俭与奢的辩证关系："侈则多欲"，"多
欲则贪慕富贵，枉道速祸"，"多欲则多求妄用，败家丧身，是以居官必
贿，居乡必盗"；"俭则寡欲"，"寡欲则不役于物，可以直道而行"，"寡
欲则能谨身节用，远罪丰家"。③ 鲁庄公二十四年（公元前 670 年），鲁
大夫御孙曾说："俭，德之共（洪）也；侈，恶之大也"。④ 墨子则总结
出一条国家兴亡的道理"俭节则昌，淫佚（逸）则亡"，⑤ 明确指出了国
家命运与节俭的关系。于志宁认为"克俭节用，实弘道之源；崇侈恣情，
乃败德之本"，⑥ 充分说明节俭还是培养其他美德的重要途径。朱熹也说
"俭德极好，凡是俭则鲜失"。⑦ 节俭即是"节制"的内涵，有"理性御
己"之意，因此，要"鲜失"。节俭也作"简约"，提倡"见素抱朴"、
简约生活，正如"静以修身，俭以养德"，以及"有道者皆由俭来也"
的论断。

---

① 《荀子·富国》。
② 《荀子·荣辱》。
③ 司马光：《训俭示康》。
④ 《左传》。
⑤ 《墨子·辞过》。
⑥ 《旧唐书·于志宁传》。
⑦ 《朱子语类·卷一百二十五》。

在中国传统道德中，节俭常与勤劳、智慧等媲美。事实上，勤俭中的"勤"与"俭"都是在生产与消费这两个环节中，对消费主体提出的道德要求。在古代社会，人们就深知"一粥一饭当思来处不易，半丝半缕恒念物力维艰"① 的道理，故而更加节俭。中国古人常心怀节俭，并溯本清源、祛除物蔽、保持身心和谐，还常常把节俭视为提高个人道德品性的途径，因为他们深明"俭，德之共也；侈，恶之大也"②；"俭"乃大德、"侈"乃大恶，珍爱生命即要趋善避恶、"以俭德避难"③ 的道理。同时还认为，节俭不仅是一种社会美德，更是一种国家美誉，如"禁奢崇俭，美政也"④，从而把节俭放大到国家层面。在谈及节俭与国家关系时，古人曾做出这样精辟的论断："国侈则用费，用费则民贫，民贫则奸智生，奸智生则邪巧作。故奸邪之所生，生于匮不足；匮不足之所生，生于侈；侈之所生，生于毋度。"⑤ 认为奢靡源于"毋度"，故而要"审度量，节衣服，俭财用，禁侈泰"，⑥ 通过提倡节俭来杜绝浪费、奢靡的不良风气。

在中国历代王朝中，由于不节俭和过度奢靡走向衰亡的范例屡见不鲜。例如我国著名思想家陆贾对秦始皇的批述"骄奢靡丽，好作高台榭，广宫室"，以至于"天下豪富制屋宅者，莫不仿之，设房闼，备厩库，缮雕琢刻画之好，博玄黄琦玮之色，以乱制度"，⑦ 直指秦始皇的不良作风，最后导致王朝瓦解。同样被世人称为短命王朝的隋朝，也是因为奢靡之风而走向衰落。对于隋炀帝杨广的奢靡行径，唐太宗感慨地说："往昔初平京师，宫中美女珍玩，无院不满，炀帝意犹不足，征求不已，兼东西征讨，穷兵黩武，百姓不堪，遂致亡灭，此皆联所目见。"⑧ 基于历

---

① 《朱子家训》。
② 《左传》。
③ 《易经》。
④ 《魏源集·治篇》。
⑤ 《管子·八观》。
⑥ 《管子·八观》。
⑦ 《新书·无为》。
⑧ 《贞观政要·政体》。

史的教训，唐太宗推崇汉帝"务从俭约"的精神，并说："吾居位已来，不善多矣。锦绣珠玉不绝于前，宫室台榭屡有兴作，犬马鹰隼无远不致，行游四方，供顿烦劳，此皆吾之深过。"① 唐朝时期，为了遏制奢靡之风，唐玄宗还曾下诏"天下更不得采取珠玉，刻镂器玩，造作锦绣珠绳，织成帖绢二色绮绫罗，作龙凤禽兽等异文字，及坚栏锦文者。违者杖一百，受雇工匠降一等科之"，② 其主要目的是想通过国家的制度安排来规范和限制人们的消费行为。

宋朝思想家、史学家司马光在总结安史之乱的历史教训时说："圣人以道德为丽，仁义为乐；故虽茅茨土阶，恶衣菲食，不耻其陋，惟恐奉养之过以劳民费财。明皇恃其承平，不思后患，殚耳目之玩，穷声技之巧，自谓帝王富贵皆不我如，欲使前莫能及，后无以逾，非徒娱己，亦以夸人。岂知大盗在旁，已有窥窬之心，卒致銮舆播越，生民涂炭。乃知人君崇华靡以示人，适足为大盗之招也。"③ 著名思想家、政治家、文学家范仲淹则提出了"先天下之忧而忧，后天下之乐而乐"的忧患意识。清朝末年王韬，对于节俭与强国、富民之间的相互关系有深刻理解，他认为："欲富国者，莫如足民，欲足民者，莫如节用。重农桑而抑末作，赏廉洁而诛贪墨，所以风天下以去奢即俭也。"④ 节俭一直作为一种美德被人们推崇至今，并时刻影响着人的社会生活。这也说明了当时社会生产力水平的有限，正如恩格斯所说的："消费水平低是数千年来的经常的历史现象。"⑤

在以节俭为消费主线的基调上，也有人提出了精辟的论断，明朝人陆楫提出了反禁奢论："论治者类欲禁奢，以为财节则民可与富也，……吾未见奢之足以贫天下也。自一人言之，一人俭则一人或可免于贫。自

---

① 《资治通鉴·唐纪》（卷一九八）。
② 《唐大诏令集·禁奢侈服用敕》（卷一〇八）。
③ 《资治通鉴·唐纪》（卷二一八）。
④ 《弢园文录外编·理财公》。
⑤ 恩格斯：《反杜林论》，北京：人民出版社，1970 年，第 282 页。

一家言之，一家俭则一家或可免于贫。至于统论天下之势则不然。治天下者，将欲使一家一人富乎，抑亦欲均天下而富之乎？予每博观天下之势，大抵其地奢则其民必易为生，其地俭则民必不易为生者也。何者？势使然也。今天下之财赋在吴越，吴俗之奢，莫盛于苏、杭之民，有不耕寸土而口食膏粱，不操一杼而身衣文绣者，不知其几何也，盖俗奢而逐末（工商业）者众也。只以苏、杭之湖山言之，其居人按时而游，游必画舫肩舆，珍羞（美食）良酝（酒），歌舞而行，可谓奢矣。而不知舆夫舟子，歌童舞妓，仰湖山而待爨者不知其几。故曰：彼有所损，则此有所益。若使倾财而委之沟壑，则奢可禁。不知所谓奢者，不过富商大贾，豪家巨族，自侈其宫室、车马、饮食、衣服之奉而已。彼以粱肉奢，则耕者庖者分其利，彼以纨绮奢，则鬻者织者分其利，正《孟子》所谓通功易事，羡补不足者也。上之人胡为而禁之？若今宁、绍、金、衢之俗，最号为俭，俭则宜其民富也。而彼诸郡之民，至不能自给，半游食于四方，凡以其俗俭而民不能以相济也……长民者因俗以为治，则上不劳而下不扰，欲徒禁奢，可乎？"① 他认为，俭与奢是相对的，合理地调适两者的关系，可以促进生产，增加社会财富。除此之外，还有清康熙、雍正年间的魏世傚，他对俭和奢的利弊也做了较为精辟的比较，其基本要点是"奢者之靡其财也，害在身；吝者之积其财也，害在财。害在身者无损于天下之财，害在财则财尽而民穷矣。今夫奢者，割文绣以衣壁柱，琢珠玉而饰其用器，倡优饮酒，日费百万，然必有得之者，其财未始不流于民间也。而暴殄天物，僭礼逾法，害身而丧家，或则其子孙受之，饥寒流离，以至于死，故曰：害在身。今夫吝者，菲衣恶食，惟以节财为务，有入而无出，甚则坎土穴墙以藏埋之。是故一人小积，则受其贫者百家；一人大积，则受其贫者万家，何以桀纣之世，四海困穷，则世家大族积财之明效也"。② 他除肯定富人的奢侈消费有利于穷人

① 《兼葭堂杂著摘抄》（丛书集成本）。
② 《皇朝经世文编》（卷五三）。

谋生外，还指出富人死藏财富的行为会造成"四海困穷"的局面。在中国近代史上，最早提出向西方学习的魏源，在鸦片战争前曾著有《默觚》，其中的《治篇十四》讨论了奢俭问题。他的基本观点是"俭，美德也；禁奢崇俭，美政也。然可以励上，不可以律下；可以训贫，不可以规富"。[①] 意思是说，俭作为一种美德，只适用于统治者和贫民，而富人则应该崇奢而不是崇俭。

长期以来，中国的消费观念仍以节俭为主，节俭也因此一直主导着中国的消费思想和规范着中华民族的消费行为。在社会生产力水平较低，社会财富有限的情况下，节俭观的倡导和践行对于维护社会稳定具有重要的现实意义。当然，从另一个角度来审视节俭的话，其产生的原因可以归结于社会生产力不高、社会财富不足、供求关系失衡等。传统社会倡导节俭，在一定程度上可以维续社会稳定，事实上，在当时极力推行节俭，也带来一定的消极影响。一方面，统治阶级大张旗鼓地倡导节俭，催促百姓上交社会财富，从而满足统治阶级的利益需求；另一方面，过分推崇节俭，在一定程度上不利于社会消费水平的提高。众所周知，生产与消费有着密不可分的关系，生产是消费的基础，消费是生产的动力。倘若一味地抑制消费，那么生产就会缺乏积极性和动力，不利于社会供求关系的稳定和发展。因此，要辩证地看待生产中的消费和消费中的生产，把握好社会的供求利害关系。合理和科学的消费有利于拉动社会经济的发展，毫无节制、奢靡成风的消费会使社会陷入混乱。

二

中国传统文化中的生态消费思想

消费是人类的基础实践行为，它随着人类的诞生而出现，与人类社

---

① 《魏源集》（上册），北京：中华书局，1983 年，第 71～74 页。

会始终联系在一起。当然，消费有广义和狭义之分，现今人们常提及或惯用的消费概念，往往局限于纯粹的经济学概念术语，很少谈及其广义概念。这主要受到时代文化背景的影响，当今社会是一个以经济作为时代潮流的社会，经济至上的理念充斥着整个社会，自然而然地，经济学研究领域的消费概念术语被频繁使用或深入人心成了一种定势，在这种思维模式的固化影响下，消费的其他定义和内涵自然就会被弱化。事实上，时下的消费概念大多数仅停留在经济学范畴之内，其外延和引申义很少被人们关注。其实，经济学的消费概念和内涵，只是消费概念的一种具体表达，或者说是一种具体体现，主要涉及的是人类社会生产产品和相关服务以及它们与资本转化的过程。这是人们最能直接感觉到的具体消费行为，这种消费实践时时刻刻都与人们的社会生活紧密联系在一起。伴随着这种消费实践的不断兴起和繁荣，市场经济得以诞生，其功能也不断扩大化，把人类社会的劳动成果整合在一定的消费场所，在市场规则的基础上使每一个个体、群体乃至一个国家都有机会参与人类社会财富的生产与消费。这是现今人们耳熟能详的消费概念。实际上，在市场经济和经济学产生之前，消费就作为一种实践活动，并贯彻于整个人类社会生活，这种消费活动或消费实践，并不局限于单一的人类社会，它还涉及人类与自然的互动实践过程，也就是人们常说的人与自然的关系实践。由于研究取向问题，本研究将更多视角聚焦于人对自然的索取实践以及人的生态智慧。此前曾说过，消费是人类最基本的实践活动，因此，自人类从自然界"分化"或"外离"到人类社会建构成型，在这一漫长的过程中，人与自然的互动或博弈就一直存在。人在向自然索取的过程中，实现了自我的基本生存诉求，同时自然也做出相应的回应，这个回应效果则主要取决于人的实践效果。就二元对立来说，效果具有双重性，即积极效果和消极效果。基于选题的有限性，本研究着重探讨中华民族在人与自然的互动中所形成的生态智慧，尤其是中国传统智慧中的生态智慧，主要有儒家的"天人合一"思想、道家的"道法自然"精神和佛家的"众生平等"观念。

（一）儒家的"天人合一"与生态消费观

在中国文化史上，儒家的思想和精神不仅是中华民族的思想精髓，更是中华儿女的行为指导，它影响着中华民族一代人又一代人，生生不息。儒家思想之所以能够持续和发展，这与它的合理性密不可分。正如文化相对主义所言，任何一种文化的存在，必有其合理性和功能。儒家思想历经几千年，几经波折，却从未被消灭过，反而越发让人心喜，这与它的合理性和功能密不可分。人是极具目的性的动物，不能实现人类诉求或满足人类需求的事物，人类几乎没有做出任何实践行为的反应。儒家文化亦是如此，它不仅满足了当时社会的思想诉求，并形成一种社会规范指引人们的社会行为，而且由于其自身的合理性成分具有不可替代的社会功能，一直被中华民族继承和弘扬。儒家文化或儒家思想，除了涉及个人行为教化思想和国家治国理念以外，还涉及人如何与自然形成良好互动的生态智慧。

在人与自然关系的探讨上，儒家给出了独到的见解，其中"天人合一"思想是其核心部分。在人与自然的关系中，儒家倡导"天人合一"，将自然视为人类社会不可分割的一个重要部分，并认为生命源于宇宙，"天""人"同处于这一空间系统，整个宇宙由"天道"和"人道"组成。"天道"泛指自然界中的各种自然规律，而"人道"往往是指人的道德规则。人的实践行为应该在"天道"（自然规律）的基础上，并施加人的道德规则作为指引进行，进而形成人与自然的和谐统一，即"天人合一"。在孔子看来，人与自然是同构的，他曾说"获罪于天，无所祷也"，[①] 同时他还指出，人的实践行为应该遵从"天道"（自然规律），如其所言"大人者，与天地合其德，与日月合其明，与四时合其序，与鬼神合其吉凶。先天而天弗违，后天而奉天时"。[②] 在对自然生态的消费

---

① 《论语·八佾》。

② 《周易·乾卦·文言》。

上，孔子秉持"推己及人，推人及物"和"己所不欲，勿施于人"的精神，倡导用仁德对待世间万物，即"天下归仁"。就人与自然的互动而言，孟子认为，这种互动应该秉持"诚"，正如他所说的"诚者，天之道也；思诚者，人之道也。至诚而不动者，未之有也；不诚，未有能动者也"，① 这正反映了他"万物皆备于我"和"尽心知性则知天"的思想，也反映了"能尽人之性，则能尽物之性"的"天人合一"思想。在处理人与自然的关系上，孟子也主张仁德，这种仁德的根源起于人类社会中的仁德。孟子将自然拟人化，并倡导以仁德对之，这是一种"推人及物"的思想，正如他所言"君子之于物也，爱之而弗仁；于民也，仁之而弗亲。亲亲而仁民，仁民而爱物"。② 在认知自然方面，荀子的思想更有见地，他认为"人为万物之灵"和"制天命而用之"，就是说人是自然界中一种具有灵性的动物，人可以在遵循自然规律的基础上，认识自然和利用自然。他把人和自然视为两个相对独立的整体，认为都应该被尊重，二者之间具有密切的联系，相互影响，相互依存。在对自然的消费上，孔子提出了"节用而爱人，使民以时"以及"钓而不纲，弋不射宿"的思想，主要表达了取使有度的消费理念，这种理念不仅要在人类社会生活中体现，更要把它推及自然。儒家的"天人合一"思想把人与自然紧密联系在一起，认为尽管二者都是相对独立的整体，但应该予以同样的尊重。人在开展各种实践活动时，必须考虑人的诉求与自然的供给能力，在充分尊重"天道"（自然规律）的基础上，充分发挥人的主观能动性，利用自然规律，做到"制天命而用之"。

（二）道家的"道法自然"与生态消费观

道家认为万物皆源于"道"，正如"道生一，一生二，二生三，三生万物，万物负阴而抱阳，冲气以为和"。③ 认为万物由阴阳而生，宇宙

---

① 《孟子·离娄上》。
② 《孟子·尽心上》。
③ 《道德经》（第四十二章）。

是一个阴阳衍生的整体，相互影响，相互依存。万物的产生和消亡也受到"道"的影响，正如"知和曰常，知常曰明。益生曰祥，心使气曰强。……不道早已"。① 阴阳相融，万物则生，阴阳相克，万物则灭。由此可以看出，人与自然的关系好比阴阳关系，相互影响，相互作用。在道家看来，人与自然始终是一个统一的整体，即"天人合一"，如"无受天损易，无受人益难。无始而非卒也，人与天一也"所述。② 同时道家还认为，倘若人类一味地为了自身利益而肆意妄为地进行消费，必定扰乱自然秩序，从而把人类社会引向消亡的方向。正如庄子所说："上诚好知而无道，则天下大乱矣。何以知其然邪？夫弓弩、毕弋、机变之知多，则鸟乱于上矣；钩饵、网罟、罾笱之知多，则鱼乱于水矣；削格、罗落、罝罘之知多，则兽乱于泽矣"。③

在道家看来，万物无高低贵贱之分。道家认为万物应该平等相待，世间万物均由道而生。道家大哲老子说"天地不仁，以万物为刍狗"，④他把平等的思想从人类社会推广到万物，于是提出"物无贵贱"的平等思想。还认为人类社会中的每一个个体都是平等的，不分亲疏远近、不分利害得失、不分高低贵贱。庄子则认为在整个宇宙系统中，人类只是自然界中的一种动物："号物之数谓之万，人处一焉；人卒九州，谷食之所生，舟车之所通，人处一焉；此其比万物也，不似毫末之在于马体乎？"⑤ 道家认为人类最高的德性就是达到"无为"的境界，只有这样才能知止知足、顺乎自然。无为主要指不放纵强行、不妄加作为，并不是无所事事，而是指行为的一种界限和伦理的一种态度。但"无为"也不是无所作为，更不是说什么事都不做，而是顺道而为、不肆意妄为，即老子的"为无为"强调的是人应该不以个人的主观意志代替客观规律，

① 《老子·第五十五章》。
② 《庄子·山木》。
③ 《庄子·外篇·胠箧》。
④ 《道德经》（第五章）。
⑤ 胡寄窗：《中国古代经济思想史》，北京：中国社会科学出版社，1981年，第66页。

应该服从自然法则，尊重自然规律，积极引导其自然发展，最后才能水到渠成，只有这样才能达到"无为而无不为"的目的，才能用自己的作为去维护自然的和谐与生态的平衡，即最终实现天人合一。

总而言之，道家认为"道"是万物的基础，万物皆有阴阳相生相克，只有权衡和把握好阴阳的关系，使之相融相生，万物才能有序发展。在处理人与自然的关系上，道家主张无为，对人的实践活动应该有所规范。而"道"则是规范的核心，人在遵循"天道"（自然规律）、顺行"天道"、施行"人道"的基础上，从而使人与自然处于一个相克相生的动态过程中。人在向自然界索取时，一方面要遵循"天道"（自然规律），另一方面要践行"人道"（生态伦理）。

（三）佛家的"众生平等"观念

从佛教的许多经书内容中可以发现，佛家倡导"普度众生"和"众生生而平等"的理念，这种理念不仅规范了人类社会的行为活动，也有效处理了人与自然万物的关系。根据佛教的理念，不但地球，连整个宇宙都是一个完整的生命体。看起来好像没有生命世界的天体，也可以认为其中蕴含着向生命发展的方向性。因此，一旦环境条件具备和成熟，顺应其条件的变化，就会出现各种生物学意义上的生命。构成这种生命观的思想基础，就是佛教的"十方三世佛土观"，其中"十方"是指整个宇宙以及宇宙的广阔性，而"三世"就是指在无限的过去、包括现在的一瞬间、到永远的未来的这一时间长河。佛教认为自然界本身就是维系独立生命的一个存在。人类只有和自然、环境融合，才能获益。佛法的"依正不二"的原理，立足于这种自然观，明确主张人类和自然之间不是相互对立的关系，而是相互依存的关系。[1] 可见，佛家已将人与自然的关系上升到和谐共生共荣的层面。

在佛教的许多经典中，不仅阐述了"众生生而平等"的思想，也谈

---

① 刘元春：《共生共荣·佛教生态观》，北京：宗教文化出版社，2002年，第118～119页。

到了"因果报应"关系。《百喻经》（卷二）中就记载了国王因砍树而受到了相应的报应。《百喻经》载，昔有国王，有一好树，高广极大，当生胜果，香而甜美。时有一人来至王所。王语之言："此之树上将生美果，汝能食不？"即答王言："此树高广。虽欲食之，何由能得？"即便断树，望得其果，既无所获，徒自劳苦。后还欲竖，树已枯死，都无生理。世间之人亦复如是。如来法王有持戒树能生胜果，心生愿乐，欲得果食，应当持戒，修诸功德。不解方便，反毁其禁，如彼伐树，复欲还活，都不可得，破戒之人。亦复如是。① 可见，佛教的"因果报应"思想对人的生态行为具有重要的规范性意义。

在人类社会发展过程中，佛教提炼出了一系列独特的生活方式，以今天的环保眼光来看，仍然不失其价值。从某种意义上来讲，佛教的生态观有利于克服人类行为异化。佛教向来强调"郁郁黄花，无非般若；青青翠竹，尽是法身"。基于"一切众生皆有佛性""无情有性""一切众生皆可成佛"的思想，佛教主张尊重生命，尊重包括植物与动物在内一切生命形式。"众生平等"不仅是不同个人、不同人群、不同人种的平等，而且是宇宙间一切生命的平等。任何生命都具有尊严性，因此，应当用尊敬的态度来对待。这样的佛性观，使人类对无情世界的草木国土不再以征服者自居，而是平等视之。② 事实上，"当今生态危机的实质是人类生存方式的危机，不良的生活方式导致了环境污染的出现，而佛教认为，心灵是主导人类行为的关键力量"。③ 换言之，生态环境危机的根源是人类"心灵污染"。因此，佛教认为，保护生态环境，应该从人的心性行为开始，只有管控好人的"心欲"，人的生态行为才会产生积极的实践效果，人与自然和谐共生共荣的局面才会持续稳定发展。

---

① 张培锋主编《佛语禅心·佛经故事集》，天津：天津人民出版社，2017年，第229~230页。
② 吴言生：《深层生态学与佛教生态观的内涵及其现实意义》，《中国佛教》2006年第6期。
③ 曾蔚：《和谐生态，从心开始——佛教生态伦理的建构》，复旦大学硕士学位论文，2009年。

第三章

苗族传统生态消费文化的
民族志背景

苗族传统生态消费文化是其先民智慧的结晶，是苗族文化的重要组成部分。苗族传统生态消费文化主要反映其在与自然互动过程中的生态智慧和生态哲学，这种智慧和思哲与其历史发展息息相关，密不可分。在探讨苗族传统生态消费文化时，离不开苗族的发展史，因此有必要对苗族的历史源流做一些认识和了解，以便更好地把握苗族传统生态消费文化的演进动态。倘若孤立苗族的历史演进背景来探究其生态消费文化，不仅难以把握苗族的传统生态消费文化，也有悖于科学研究的基本要求。追踪溯源、启发和引导未来才是研究的意义所在，把握好文化主体的历史渊源，才能更好地解读和诠释其文化的意义和功能。因此，在探讨苗族传统生态消费文化之前，对其历史演进进行粗疏和把握就显得极为重要。

一

苗族历史源流演进

（一）上古时期

关于苗族的族源问题，目前学术界有些学者认为，苗族的祖先可以追溯到与炎黄并列的蚩尤和蚩尤统领下的九黎，以及后来的三苗、荆蛮、武陵蛮或五溪蛮等。相关史料和学术界研究表明，黄帝生活于黄河上游，后来歼灭了炎帝且合并了其部落。蚩尤主要生活于黄河中下游平原地区，雄踞于我国东方，与黄帝形成强大的抗衡，经历多次较量，最后在涿鹿发生大战。蚩尤战败，其部落有一部分南迁，有一部分融入华夏族，并成为今天的汉族同胞的祖先。

中华各民族都是不断被重构了的民族。由于战事、自然灾害、商贸互通、婚姻等因素的推动，原来族性相对单一的民族也受到不同程度的影响，这种影响往往历经冲突、融合、采借、调适等过程。苗族亦是如此，它也随着时空的变迁而不断被重构，但不管如何被历史重构，其基本源流还是没有中断。任何一次重构都会具有双重效果，这主要取决于其重构力量的来源，有些重构是被动的，有些重构是主动调适，重构的效果也有所不同。

史料和考古资料研究表明，九黎的首领是与炎黄一个时代的蚩尤。在《越绝书》中有这样的记载："蚩尤，少昊之末，九黎之君。"不仅指出蚩尤在少昊之后，而且还明确指出蚩尤是九黎部落的首领。在《国语·楚语》中也有相关叙述，如"九黎，黎氏九人，蚩尤之徒也。"据相关文献记载，当时的九黎有九个大的部落，其下又有九个小的氏族部落，所以有"九黎八十一兄弟"之称，他们都是蚩尤的后裔，并且善于制造兵器，如兵杖、刀、戟、大弩等，骁勇善战，实力强大。如《龙鱼河图》所说："蚩尤摄政，有兄弟八十一人"，"造立兵杖、刀、戟、大弩，威震天下。"而《周书·吕刑》中说到"蚩尤对苗民制以刑"，指出蚩尤施行刑罚，管理苗族人民。章太炎也曾说："蚩尤为苗族豪酋，则历史言苗者始此。"他认为蚩尤是苗族的酋长，并认为苗族的历史源于蚩尤。

史料《太平御览》记述了黄帝与蚩尤九战的故事："黄帝与蚩尤九战九不胜。"黄帝与蚩尤曾经进行了九次大战都不能获胜，由此足以看出，当时蚩尤的实力相当强大。《山海经·大荒北经》记述了黄帝打败蚩尤的过程："应龙畜水，蚩尤请风伯雨师纵大风雨，黄帝乃令天女曰魃雨止，遂杀蚩尤。"在《史记》也有黄帝征战蚩尤于涿鹿的记载，如"黄帝乃征师诸侯，与蚩尤战于涿鹿之野，遂杀蚩尤。"黄帝打败炎帝之后，发动各大联盟，与蚩尤决战于涿鹿，最终黄帝打败蚩尤。这次大战，可以说是规模空前，双方都付出了巨大的损失，血流成河。蚩尤部落战败后，一部分人融入华夏族，另一部分人南迁至长江中下游一带建立"三苗国"。《尚书·吕刑》曾记载"三苗，九黎之后"，指出了三苗实乃九黎部落的后裔。《礼记·缁衣正义》中则记述了颛顼打败少昊之后，诛杀九黎，并打散了其部落联盟，迫使其后裔西迁，并建立三苗。关于三苗的具体生活区域，《史记·吴起传》则这样记载："三苗氏左洞庭右彭蠡。"

蚩尤所生活的区域以及他兵败的过程，在现存传唱的苗族古歌中也有相关的记述，如在《苗族古歌·蚩尤与苗族迁徙歌》[①]中，曾这样唱道："古时苗族住在直米力，[②] 建筑城垣九十九座，[③] 城内铺垫青石板，城外粉刷青石灰，城里住着格蚩尤老、格娄尤老。[④] 直米力城[⑤]建在上一方。"歌中明确指出，古时候，苗族生活在直米力，他们建有自己的城池，这些城池都用青板石铺成、青石灰粉刷，苗族的祖先格蚩尤老、格娄尤老则住在城中。直米力城坐落在一望无际的大坝子上，城里人来人往，"人们年终进城游一周，欣赏城内好风光。"

在大坝子上，苗族先民修建成群的房子，这些房子都很好，正如歌中所唱："房屋成排起在平原上，排排高楼成双行，屋顶高耸入云层，瓦块明亮映蓝天。"可见当时的繁华景象。

在直米力城的一方是利磨城，利磨城是个宽阔平坦的地方，主要由甘骚卯毕掌管，记载曰："利磨城[⑥]筑在下一方，利磨城啊利磨城，宽又宽来平又平，甘骚卯毕[⑦]掌管利磨城。"然而，在苗族先民生活的地方，却常有异族来犯，为了更好地抵御异族入侵，苗族首领格蚩尤老（即蚩尤）召集族人能人商讨对敌策略，经过商议，最后推举甘骚卯毕来指挥

① 潘定智、张寒梅、杨培德：《苗族古歌》，贵阳：贵州人民出版社，1997 年，第 276～279 页。
② 直米力：苗语直译，地名，是一个宽广平坦的大平原，传说在河北一带。
③ 九十九座城：即多的意思，非实数。
④ 格蚩尤老、格娄尤老：苗语音译，相传是居住在直米力的苗族首领。其中，格蚩尤老即蚩尤。"格"是词头，"蚩"是氏族名，现在为姓（杨姓），"尤"和"尤老"都是指老爷爷或尊敬的长老、领袖。
⑤ 直米力城：建在直米力平原上。
⑥ 利磨城：苗语直译，城名。
⑦ 甘骚卯毕：与前面两位首领同时代的掌管军务的武将，在利磨城一仗中牺牲。

军队，如歌中唱到："异族要来侵占这里嗲！格蚩尤老格娄尤老，召集七姓能人来商议，大家推选甘骚卯毕管军务。"

为了抗击异族入侵，苗族将领甘骚卯毕不断加强操练军队，他训练军队七天七夜，把军队分别安置在三个大坝上，军队精神抖擞，神勇无比。并且他将训练有素的军队带到直米力城，让苗族首领格蚩尤老亲自点阅。"甘骚卯毕领兵训练七昼夜，整编的队伍集成三大坝，队伍强大人人精神抖擞。甘骚卯毕率兵进直米力，来到了直米力城，格蚩尤老格娄尤老，走廊上把队伍检阅，满面笑容挥手致意。"

待首领格蚩尤老点阅完毕过后，甘骚卯毕亲自率兵镇守大丫口，这里地势险要，森林密集，易守难攻、异族难以进攻，在甘骚卯毕及其将领的顽强抵抗下，最终打败了异族，守住了直米力城。如歌中所唱："阅完率部镇守大丫口，到处是深山箐林黑森森，甘骚卯毕统兵勇猛阻敌人。"异族兵败过后，回去禀报说："直米力是富饶的地方啊，怪的是攻不破来打不进。"由于兵败，异族心有不甘，想来年再犯，于是："格米①派差假装来学话，育秧苗通称什么？苗族说做阿优篙，② 差使来把情况摸清后，回去一一向格米做汇报。"

在打听清楚苗族情况过后，格米再次兴兵来犯，但遭到甘骚卯毕的顽强阻击，不得不将士兵攻向至利磨城，记载曰："格米二次调兵打苗民，遭到甘骚卯毕的阻击，敌兵转朝利磨城方向攻。"尽管格米将士兵转向利磨城，却进入甘骚卯毕的圈套，进退两难，于是领兵撤回。"甘骚卯毕把敌人诱入夹岩沟，③ 敌人陷入危谷进退难，甘骚卯毕率领队伍，手握连枷首先把敌打，如同渔翁捞鱼往岸抛，敌兵抵挡不住撤回根。"

尽管格米兵败撤回，但他心有不甘，为了拿下利磨城，"旋展美人计，以将两女嫁给苗家为诱饵。"格米施了美人计过后，"到了卯和辰月间，敌方人马连绵不断来，白天到晚不见尾，夜间走直达通宵。"为

---

① 格米：苗语直译，又为掌管国家政治、军事、经济等的首脑人物。
② 阿优篙：苗语音译，即育秧苗的意思。
③ 夹岩沟：利磨城一带的地名。

了抗敌来犯，格蚩尤老、格娄尤老召集七姓能人来商议。这次格米兵来势勇，迫使苗族先民"强汉扶老携幼顺藤攀，① 爬刀乌爪②去把身隐。"可见战乱之残酷，逃离和隐藏生命已经成了苗族先民的不二选择。

当时苗族首领"格蚩尤老格娄尤老在山上，雨沥沥渐渐下个不停，烈日炎热随它照晒。"③ 而"沙昭觉堵敖④军队狠，成千成万打击追赶，追了七天七夜不回程，两位老人呼喊求救，天上炸雷回响震天地，乌云弥漫遮盖刀乌爪，沙昭觉堵敖思虑难对付。"最后"两位老人率部脱离险境，迁到米城⑤这里来驻防，在这里又筑了七座城。"

格蚩尤老、格娄尤老来到米城，并建立了自己的家园，可是沙昭觉堵敖不死心，又派大军攻米城。"异族兵丁攻打太激烈，实在抵挡不住啦！"没有办法，苗族首领格蚩尤老、格娄尤老只好"带着家眷拖着队伍，迁徙来到小米坝。"⑥ 然而"沙昭觉堵敖追得急，粮食财物统统丢在小米坝，饥饿无情地袭来，没法抵抗强敌兵，急忙朝着远方迁，来到黄河岸边⑦不能渡。"由于异族强兵步步逼近，穷追不舍，面临着生死存亡，苗族首领格蚩尤老同仇敌忾，率兵勇猛再冲杀。但由于敌众我寡不能胜，格蚩尤老牺牲了。苗族首领格蚩尤老兵败牺牲后，"沙昭觉堵敖回去报，此种兴旺强盛如何办？"异族首领则说："凡我子孙所到之处，将他们铸成像供庙上。"苗族首领格蚩尤老虽兵败，却活在苗族人民的心中。同时由于他骁勇善战，也活在异族人的心中，如"将他们铸成像供庙上"。

在尧舜禹时期，三苗是西南雄霸，并与他们形成抗衡。经历尧舜禹三王征战过后，部分苗族先民被融合到华夏族，一部分继续往南和往西迁。在迁徙的过程中，又不断融入其他民族部落，形成了后来的南蛮、

---

① 苗族现在吹芦笙有鸡叫调，据说由此开始的。
② 刀乌爪：苗语译音，地名，即一个石头堆垒起的山，又可译作积石山。
③ 现在苗族中，凡大伙在外被雨淋，大家都说雨淋张杨二姓娃子，不淋别姓娃。
④ 沙昭觉堵敖：苗语译音，皇帝的一个军事指挥员。
⑤ 米城：苗语译音，地名，也可译为力城或黎城。
⑥ 小米坝：苗语译音，地名。
⑦ 黄河：相传此河河水混浊，常年都是黄色的，河相当宽。

荆蛮、武陵蛮或五溪蛮等部落。《方志》曾这样记载："考苗族……古称
三苗"，"一曰有苗或荆蛮，苗族来自楚地，即古之荆蛮"。由此可见，
三苗是苗族先民。

（二）奴隶社会至封建社会时期

自夏朝建立之后，阶级社会和国家雏形逐渐形成。在启统治夏朝期间，
由于部落联盟不断联合，所以汉文文献中很少有单一记述苗族的史料。尧
舜禹时期的三苗或有苗氏很少出现在汉文文献当中。直至商朝和周朝，汉
文文献中才出现与其先民生活区域相近的荆蛮，如《毛诗正义》记载"蛮
荆，荆州之蛮也。"后来荆州的三苗后裔不断壮大，并对商王朝形成抗衡
之势。史料曾经记载商王朝对荆蛮用兵，如《竹书纪年》记载的"商师征
有浥，克之。遂征荆，荆降。"在《诗经·商颂·殷武》中也有相关的记
载，如"挞彼殷武，奋伐荆楚。"到周朝时期，据相关史籍记载，周昭王
亲自率兵到丹、汉一带伐楚，然而惨败。周穆王也曾亲自到九江伐楚；而
到周宣王时期，则派大将方叔大规模伐楚。可是荆蛮不但没有被消灭，
反而在周朝末年强盛起来，后来发展成为春秋战国时期楚国的主体族群
来源。春秋战国时期，五霸七雄不断展开争夺天下的战事，天下一片打
乱。作为南方群雄的楚国，势力十分强大，恰如《战国策·楚策》中所
言："楚，天下之强国也。西有黔中巫郡，东有夏州海阳，南有洞庭苍
梧，北有汾泾之塞郇阳，地方五千里，此霸王之资也"可见其幅员辽阔。
关于楚国的族属问题，至今学术界仍然没有形成定论，但有一点是可以
肯定的，苗族至少是其中的一部分。然而，在秦灭楚以后，楚国族群部
落大量向西和向南迁。沿巫水南迁的部落，有的到了广西大苗山、三江
等地；有的迁徙更远，到了海南岛；沿巫水西迁的部落，有的则到了贵
州、四川等地。当时苗族主体聚居于五溪地区，五溪即雄溪、樠溪、辰
溪、酉溪、武溪。故中原人又将他们称为武陵蛮和五溪蛮。[①]

---

① 石朝江、石莉：《中国苗族哲学社会思想史》，贵阳：贵州人民出版社，2005年，第8页。

秦始皇吞并六国后，实现了大混乱过后的第一次统一。为了巩固统治，秦朝在全国范围内推行郡县制，把全国划分为三十六个郡。《后汉书·南蛮传》曾有记载："秦昭王使白起伐楚，略侵南蛮，始置黔中郡。汉兴改为武陵郡。"根据地理坐标分析，当时的黔中郡泛指今天的湘西以及黔东地带。到了西汉时期，则将黔中郡改为武陵郡，只是名称改变而已，其辖区基本保持原来的范围。由于身处大山深处，在秦汉交替之际，武陵蛮曾获一时繁盛。如《后汉书·南蛮传》所载："光武中兴，武陵蛮特盛。"后来苗族先民武陵蛮不断向南迁和西迁，到云、贵、川等地休养生息。在两汉时期，苗族先民武陵蛮主要在武陵郡境内的山区从事农业生产；而身处东部边缘地区的部分苗族部落，他们的居住地域与汉族相互交错，并与汉族互通来往；生活于武陵郡中心地带的苗族则与僚、濮（现今仡佬族、侗族、布依族等百越族群）杂居，形成了大杂居小聚居的局面，相互借鉴，相互学习。《说文》中曾记载了南蛮的纺织业情况，如窦布，"南蛮赋也"。由此可见，当时苗族先民的纺织技术已经达到了较高的水平。

到了魏晋南北朝时期，中央王朝用兵较少，所以苗族先民生活的区域不断扩大。《南史》（卷七十九）曾这样记载："荆、雍州蛮……种落布在诸郡县。"从现在的语系来看，苗族和瑶族的语言属于汉藏语系苗瑶语族，而两者分离的时间，可以追溯到南北朝时期。《三国志·吴志》曾记载："黄龙三年三月，遣太常潘浚率众五万讨武陵蛮僚。"这里的"僚"与现代的"瑶"同音，从此可以看出，现今的瑶族也是武陵蛮的后裔，他们主要生活于崇山峻岭中，如《梁书·张缵传》所言："零陵、衡阳等郡有莫僚蛮者，依山险为据，历政不宾服。"根据史学家伍新福先生考证，武陵蛮、五溪蛮是苗族先民，而瑶族先民则多属长沙蛮。因地域分布的差异，自两汉以后苗族和瑶族开始分离，到了唐宋时期则分成了两个单一的民族，即苗和瑶。[①]

苗族先民除了与其他少数民族杂居以外，也有部分与汉族共同生活，

---

① 石朝江、石莉：《中国苗族哲学社会思想史》，贵阳：贵州人民出版社，2005 年，第 10 页。

得到了快速发展。正如《北史》（卷九十五）所载："蛮之种类……在江、淮之间，部落滋蔓，布于数州，东连寿春，西通巴、蜀，北接汝、颍，往往有焉。其于魏氏，不甚为患，至于晋末，稍以繁昌，渐为寇矣……诸蛮无所忌惮，故其族渐得北迁，陆浑以南，满于山谷。"又如《魏书·蛮传》载："泰常八年（423年），蛮王梅安率渠帅数千朝京师；太和十七年（493年），蛮首田益宗率部族四千余户内属；景明初，太阳蛮首田育丘等二万八千户内附。"由此可见当时民族间来往的密切与频繁。

据《隋书·地理志》记载，隋朝时期，苗族主要散布于南郡（驻今湖北江陵）、武陵郡（驻今湖北宜昌市西北）、竟陵郡（驻今湖北钟祥）、沔阳郡（驻今湖北沔阳西北）、沅陵郡（驻今湖南沅陵）、清江郡（驻今湖北五峰西北）、襄阳陵郡（驻今湖北襄阳市）、春陵郡（驻今湖北枣阳）、汉东郡（驻今湖北县）、安陆郡（驻今湖北安陆）、永安郡（驻今湖北新洲）、义阳郡（驻今河南信阳）、九江郡（驻今江西九江）、江夏郡（驻今湖北汉口）等各地。[①] 随着不断与汉族先民来往和融合，其社会组织及生产方式与汉族没有多大的区别，正如《隋书·地理志》所言："其与夏人杂居者，则与诸华不别。"实际上，各民族有一个不断相互融合的过程，你中有我，我中有你。同样，苗族先民在与汉族先民的互动过程中，难免有通婚、商贸往来，相互融合则不可避免。唐朝在继承隋朝原有政治制度的基础上，对南方地区实行羁縻统治，推行"以蛮夷治蛮夷"的政策。由于武陵蛮的后裔处于中央王朝边陲，管辖起来极为不易，故而利用当地族长或首领来管理当地民众，另一个原因，由于此处社会经济欠开发，中央王朝无暇顾及。

在唐朝建立之初，尽管有一部分融入了中央王朝，但苗族先民仍以武陵山区为主要生活区域，在武陵地区以西的区域形成了势力比较强大的夜郎等国。夜郎境内有众多族群和部落，它们受中央封建王朝影响比较大，甚至有些归降于中央王朝，并接受中央王朝的分封。北宋仍然推

---

① 石朝江、石莉：《中国苗族哲学社会思想史》，贵阳：贵州人民出版社，2005年，第11页。

行羁縻统治政策，主要利用氏族长老或部落首领管辖当地百姓。北宋初年，将全国行政区域分为十五路，后来增加到二十多路，路下设府、州和县，而羁縻州归属府、州管辖。

从北宋的行政区域图来看，苗族先民主要散布于荆湖南路、荆湖北路、夔州路、广南东西路等。尽管宋朝推行羁縻统治制度取得一定的成效，但仍然有苗族先民起义反抗朝廷的欺压。《宋史·西南溪峒诸蛮传》记载："元祐元年（1086 年）沅州蛮杀沿边巡检，断渠阳道，官军不得进。元祐二年，渠阳蛮以杨晟台为首发动起义，攻文屯堡，朝廷调兵屯渠阳至万人，湖南亦增兵应援，三路俱惊"。由此可以看出，当时南蛮地区战事不断。

元朝时期，推行行省制，在中央设立中书省统辖全国行政事务，并统辖河北、山东、山西等"腹里"，而在地方，建有岭北、辽阳、河南、陕西、四川、甘肃、云南、江浙、江西、湖广、征东等十一个行中书省。苗族先民主要生活在湖广、江西等地，其次是云南和四川。为了更好地提高行政效率，元朝还在行省下设有若干路，这些路也被称为宣慰司、安抚司或招讨司，主要由当地首领担任宣慰使、安抚使、招讨使。元朝在苗族分布地区内也设立有土司，比较重要的有贵州宣慰司和水西宣慰司，这些土司对于苗疆地区具有一定的控制力。事实上，这是一种变相的"以蛮制蛮"的制度，一来节省中央王朝的行政成本；二来也有效控制当地百姓，使之臣服于中央王朝。

明朝建立后，其政治制度基本沿用元朝，只是在其基础上，将全国划分为十三个行省。苗族人民基本生活在原来的行省境内，没有太大的改变。到了永乐十一年，明朝在贵州设立布政使司，贵州开始建省。明朝对贵州的管理依然沿用元朝的土司制度。然而，随着社会的发展，中央王朝对地方控制力越来越强，土司制度已经无法满足其行政需要，到了清康熙年间，为了更好地控制西南边疆，清朝推行"改土归流"制度，将原来的土官改为流官，随之而来的是开辟苗疆，主要是对"生苗"的开辟。

在元、明、清时期，中央王朝习惯性将西南边陲的民族称为南蛮，又将南蛮划分为"生苗"和"熟苗"。"生苗"泛指中央王朝难以控制地区的苗族，或尚未被编入中央王朝户籍的苗族。而"熟苗"受中央王朝政治、经济、文化影响较大，或被编入中央王朝户籍制度之内。关于"生苗"和"熟苗"的来源，也有相关史料记述。如《黔记》记载："近省界（即经制府、州界）为熟苗，输租服役，稍同良家，则官司籍其户口，息耗登于天府。不与是籍者为生苗。"在《峒溪纤志》也有记载："近为熟苗，远为生苗。"而民国《贵州通志·土民志》则这样记述："苗有土司者熟苗，无管者为生苗。"由此可见，"生苗"与"熟苗"也是相对的，其关键点在于是否被纳入中央王朝的户籍制度，以及是否与中央王朝有深度来往等。清朝"改土归流"过后，不断开辟苗疆。

元、明、清时期，苗族人民不断迁徙。到了清朝，苗族的分布区域基本形成，其主要分布在贵州，其次是湖南、云南、湖北、广西、四川等地，当然也有一部分南迁至东南亚国家，以及欧洲、美洲等地区。

在元、明、清时期，尤其是在清代，苗族人民生活的区域基本被固定下来，尽管有战事或商贸活动影响，但总体上没有多少变化。苗族人民主要生活在祖国的华南、西南地区，如贵州、湖南、云南、广西、四川、湖北、广东、海南等省份。

（三）民国至新中国建立

1912 年 1 月 1 日，中华民国临时政府在南京成立，孙中山就任临时政府大总统，并在《临时大总统就职宣言》中说："合汉、满、蒙、回、藏诸地为一国。"

从他的就职宣言上来看，苗族和其他少数民族并不在其内，后来孙中山先生意识到"五族"并不能代表全国各民族同胞，同时为了组建革命队伍和争取革命力量，他又做出了新的补充说明。他在《在上海国民党支部会议上的演讲》中曾这样说道："现在讲五族共和，实在这五族的名词很不恰当，我们国内何止五族呢。"并且他还意识到，中华民族是一个大家庭，应该相互照应、相互包容、团结互助，于是把国内弱势群体纳入政府的顶层设计，正如他在《建国大纲》里面所说的"对国内弱小民族，政府当扶持之"。

在中国共产党的领导下，全国各族人民取得翻天覆地的变化，不仅过上了相对富足的生活，还做了国家的主人，不断参与国家建设和事务管理。为了更好地发展我国边疆少数民族地区，党和政府不断调发中央访问团，深入祖国边陲地区调查，以便更好地推行党和国家的政策，服务民族地区社会经济发展。早在新中国建立之初，即1950年至1952年，中央就派出西南、西北、中南、东北以及内蒙古等访问团，一方面宣传党的民族政策；一方面深入调研当地民族文化，为党和国家制定民族政策提供参考依据。1953年中央派出访问团前往我国东部沿海地区的江浙一带进行考察和调研，主要调查畲族。经历深入调查研究，以及结合我国现实国情，综合分析，识别了56个民族。新中国建立后，党和国家为了更好地改善全国各族人民的生活，以及建设社会主义事业，不断推行一系列民族政策，例如民族区域自治政策。党和国家在少数民族聚居的地区建立民族区域自治制度，大的行政区域可与省一级行政单位相当，小的可到乡镇一级。这些自治地方主要散布在祖国的边陲，或经济欠发达地区。几乎各少数民族都有自己的自治地方，仅就苗族而言，也形成了不少自治地方。苗族人民生活的自治地方主要分布于我国西南、华南地区，如贵州、湖南、广西、云南、湖北、四川、重庆、海南、广东等地。具体来说主要有贵州的黔东南、黔南、黔西南，湖南的湘西，广西的融水，云南的文山，湖北的恩施等。新中国建立后，党和国家建立了许多苗族联合自治州、自治县以及联合自治县等，具体情况见表一、表二、表三。[①]

---

① 表3-1至表3-3资料根据石朝江、石莉编著《中国苗族哲学社会思想史》中的第17至18页资料整理而成。

表 3-1　6 个联合自治州

所属省份	联合自治州
贵州省	黔东南苗族侗族自治州
贵州省	黔南布依族苗族自治州
贵州省	黔西南布依族苗族自治州
云南省	文山壮族苗族自治州
湖南省	湘西土家族苗族自治州
湖北省	恩施土家族苗族自治州

表 3-2　5 个苗族自治县

所属省份	苗族自治县
贵州省	松桃苗族自治县
湖南省	麻阳苗族自治县
湖南省	城步苗族自治县
广西壮族自治区	融水苗族自治县
云南省	屏边苗族自治县

表 3-3　16 个联合自治县

所属省份	联合自治县
贵州省	紫云苗族布依族自治县
贵州省	镇宁布依族苗族自治县
贵州省	关岭布依族苗族自治县
贵州省	道真仡佬族苗族自治县
贵州省	务川仡佬族苗族自治县
贵州省	印江土家族苗族自治县
贵州省	威宁彝族回族苗族自治县
湖南省	靖州苗族侗族自治县
云南省	金平苗族瑶族傣族自治县
云南省	禄劝彝族苗族自治县
海南省	琼州苗族黎族自治县
海南省	保亭黎族苗族自治县
重庆市	彭水苗族土家族自治县
重庆市	秀山土家族苗族自治县
重庆市	酉阳土家族苗族自治县
重庆市	黔江土家族苗族自治县

新中国建立后，不仅在苗族聚居区建立了相应的民族区域自治制度，同时也培养苗族干部，以便更好地管理苗族聚居区内的事务。在干部任用上，国家也有相应的制度安排确保苗族人民参与国家政治生活。改革开放以来，党和国家越来越重视苗族地区建设，从政治建设到经济建设、文化教育建设，努力促进苗族地区迅速发展。

二
苗族历史地理坐标移位与归因

涿鹿之战过后，苗族先民不断迁徙，从黄河中下游迁至长江一带，并在长江一带建立三苗国。关于三苗国的地理坐标，也有不少相关史料记载其活动空间。

《尚书·地理今释》中详细记载："三苗，今湖广武昌岳州二府江西九江府地。史记正义曰，吴起云三苗之国左洞庭右彭蠡，今江州、郑州、岳州也。"

《史记·正义》不仅指出三苗的空间范围，还指出其具体位置："洞庭湖名，在岳州巴陵西南，南与青草湖连；彭蠡湖名，在江州当阳县东南五十二里。以天子在北，故洞庭以西为左，彭蠡以东为右，今江州、郑州、岳州三苗之地也。""读曰汇，音胡罪反，今彭蠡湖也，本属荆州。"

《通典·州郡十三》具体指出："潭州古三苗之地。""岳州在苍梧之野，亦三苗国之地。"

《初学记》中记载苗族先民生活的区域附近有湖水："荆州记云：宫亭即彭蠡泽也，谓之彭泽湖，一名汇泽（在鄂州郡）青草湖，一名洞庭湖也，亦谓之太湖，在巴陵郡。"

《战国策·魏策》中则记载三苗活动于彭蠡和洞庭之间："昔者三苗之居，彭蠡之波，洞庭之水。"

《说苑·君道》中记述了虞舜时期，三苗或有苗氏部落生活的区域极其险峻，有大山依靠，有湖水环绕："当舜之时，有苗氏不服，其所以不服者，大山在其南，殿山在其北，左洞庭之波，右彭蠡之川，因此险也。"

《元和郡县志》中也记载古三苗地处洞庭和彭蠡之间："岳州本巴丘地，古三苗也。史记三苗之国左洞庭，右彭蠡。"

《路史·国名记》中直言："柴桑彭泽之间古三苗国，左洞庭，右彭蠡负固而亡者，今衡岳潭之境。"

《太平寰宇记》中直指三苗辖地："潭州禹贡荆州之域，三苗地"，"岳州，南邻苍梧之野，古三苗国也。"

《说苑·贵德》中也认为三苗位于洞庭和彭蠡之间："吴起对日在德不在险。昔三苗氏左洞庭右彭蠡……。"

《韩非子》："三苗之不服者，衡山在南，岷江在北，左洞庭之波，右彭蠡之水。"

中国近代著名思想家、革命家、史学家、戊戌变法倡导者和践行者梁启超也认为三苗的生活地理坐标在洞庭和彭蠡周围。因此，他在《历史上中国民族之观察》一文中说："此族（苗）最初之根据地，《左传》指定位置曰左洞庭、右彭蠡，则今湖南之岳州、长沙，湖北之武昌，江西之袁州、瑞州、临江、南昌、南康、九江，是其地也。"

从这些历史史料来看，三苗生活的地理坐标主要在洞庭和彭蠡附近，事实上，洞庭和彭蠡的地理空间坐标泛指今天的长江中下游地带，具体来说则是今天的湖南、湖北、重庆、江西以及安徽等地。这些地区土壤肥沃、水草茂盛，利于开荒种植，对三苗的强大起到一定的作用。

尽管苗族人民没有清楚地记得自己从哪儿来，但在苗族的古歌中，却唱出了苗族先民曾经生活过的地方。如石宗仁整理翻译的《中国苗族古歌·部族迁徙》中这样记载："古时苗人住在广阔的水乡，古时苗人住在水乡边的地方。打从人间出现了魔鬼，① 苗众不得安居。"

"魔鬼"出现，使得苗族人民不得安宁，被迫迁徙，如古歌中所唱"受难的苗人要从水乡迁走，受难的苗众要从水乡迁去。"在苗族迁徙的

———————————

① 这里的魔鬼可泛指战争或自然灾难。

过程中，有"一支苗人留住旺儿①的城池，一支苗众留住苑乃②的地方。"苗族先民在捕鱼的过程中，发现新的陆地，"苗人在句吴③水乡四处捕鱼啊，苗众在水乡边的陆地找地方"，后来迁到海溪的山岗，海口的坡陵，有一部分留在山岗和坡陵，有一部分继续迁徙，"来到有铁的铁山，来到有铁的铁岭"，"有的留住铁山，有的留住铁岭。"

继续迁徙："来到鸡多的戈安地方，来到鸡多的戈古地域。"

苗族先民："一支留住戈安，一支留住戈古。"

继续迁徙："来到朗州的地域，来到潭州的地方。"

苗族先人："一支留住朗州，一支留住潭州。"

苗族先民发现朗州和潭州是个好地方，于是他们歌唱这片土地和家园，如"朗州得好地方住家，潭州得好地方安居，得好地方种植五谷，得好地方盘阳春。"

继续迁徙："沿水乡边的陆地找地方，来到桃源兑现④，来到桃源溪峒。"⑤

苗族先民："一支留住桃源兑现，一支留住桃源溪峒。"

继续迁徙："沿河边的陆地找地方，一支来到溆浦，一支留住溆浦。"

一支去往湖北，

一支去往龙山。

……

迁徙的一支来到辰州，⑥

迁徙的一支来到浦墟，⑦

……

---

① 旺儿：译音，意为帝王。
② 苑乃：苗语译音，意为出人的土地，人类的发源地。
③ 句吴：苗语译音地域名，即水乡、水乡之国。
④ 兑现：译音，即新地方。
⑤ 溪峒：苗语译音，意即山中的盆地、坪坝。苗语管盆地，坪坝叫溪峒，与吉峒系同音异译。
⑥ 辰州：今沅陵。
⑦ 浦墟：浦，苗语译音，意为水边的陆地。浦墟，即水边陆地上的墟场，一指今浦市。

一支来到泸溪县,

一支来到泸溪峒,

……

迁徙的一支去往麻阳,

迁徙的一支去往沅州,①

……

来到吉吼的地界,

来到吉首的地方,

先祖留住吉吼,

先人留住吉首,

吉吼得坡岗立屋,

吉首得坡麓栽树。

……

一支来到保靖的地域,

一支来到吉介②的地方,

……

一支去往坪旷,③

一支去往西阳,

……

一支来到吉斋,④

一支来到料高,⑤

……

沿河边的陆地找地方,

---

① 沅州:今芷江县。

② 吉介:今花垣县。

③ 坪旷:今秀山县。

④ 吉斋:今凤凰县。

⑤ 料高:今松桃县。

先人的一支迁往峒仁，

先祖的一支留住峒仁，①

……

沿河边的陆地找地方，

先人的一支迁往姜湟，②

先人的一支迁往姜迁，③

一支迁到务川④的地域，

一支迁到务戎⑤的地方，

……

沿河边的陆地迁来，

有的迁过麻阳，

有的迁过沅州，

……

一支迁到靖州的地域，

一支迁到靖县的地方，

……

　　从苗族古歌中，可以看得出，苗族先民迁徙频繁，迁徙的地方比较多，虽然古歌中有些地方，至今无法判断出具体的地理坐标，但从这些唱词来看，当时他们的活动区域比较大，生活空间移位比较频繁，主要散布于我国的中南地区和西南地区。当然，也有散布在其他地区的，但以长江流域以南为主。

　　当时的荆蛮或南蛮主要生活在今天的湖北、湖南、重庆、四川、江西、安徽等地。他们的生活习性与中原地区有所不同。在《礼记·王

---

① 峒仁：苗语译音地名，"峒"意为谷地、盆地，"仁"意山岭，峒仁为谷坡之地，与贵州铜仁同音异译。

② 姜湟：今思南。

③ 姜迁：今印江。

④ 务川：苗语译音地名，意为水凉的地方。

⑤ 务戎：苗语译音地名，务意为水，戎意为龙，指重庆武隆区。

制》中曾有这样的记述："中国夷狄五方之民，皆有性也，不可推移。东方曰夷，被发文身，有不火食者矣；南方曰蛮，雕题交趾，有不火食者矣；西方曰戎，被发衣皮，有不粒食者矣；北方曰狄，衣羽毛穴居，有不粒食者矣。中国夷蛮戎狄，皆有安居，和味，宜服，利用，备器，五方之民，语言不通，嗜欲不同。"这段文字不仅记述了当时各边疆民族的风俗习惯，也体现了中华民族文化多样性共生局面。有关荆蛮的来源，也曾有一些史料记载。

在《册府元龟》（卷九十五）《外臣部·国邑》中曾这样记述："荆蛮，盘瓠之后……长沙、黔中五溪蛮皆是也。"指出荆蛮乃盘瓠之后。在《南史·南蛮传》中也有相关记载："荆雍州诸蛮，盘瓠之种也。"《湖广总兵·方舆一》中也有记载，认为荆蛮源自盘瓠："诗称蛮荆，种自盘瓠。"又如《峒溪纤志》所载："苗人，盘瓠之种也。"

以上这些史料记述，大多认为荆蛮、南蛮或夷蛮源自盘瓠，那么盘瓠是何人？据《后汉书·南蛮传》记载，在高辛氏时期，有一条狗，体毛五彩缤纷，名字叫盘瓠。在一次战争中，由于得到盘瓠的相助，取得胜利，其故事如《后汉书·南蛮传》所载："昔高辛氏有犬戎……之将吴将军头者，购黄金千镒，邑万家，又妻以少女……盘瓠遂衔人头造阙下，群臣怪而诊之，乃吴将军首也。"

高辛氏取得战争胜利之后，为了表达他的谢意，于是把自己的女儿嫁给盘瓠，并繁衍后代，史称南蛮或蛮夷。关于这部分的记述，可以追溯到北魏郦道元所撰的《水经注·沅水》一书。书中曾这样记载："盘瓠死，因自相夫妻，织绩木皮，染以草实，好五色衣，裁制皆有尾。其母白帝，赐以名山，其后滋蔓，车曰蛮夷。武陵郡夷即盘瓠之种落也。"这段文字不仅记述了盘瓠后裔的生活习俗，同时也指出了盘瓠所生活的地理区位。

尧舜禹时期之后，虽然三苗兵败，但其剩余部落不断养精蓄锐，凭借着优越的地理条件，不断壮大，逐渐形成与当时王朝抗衡的强大势力。如在《古本竹书纪年二周纪》这样记载："周昭王十六年，伐楚荆，涉汉，遇大兕。""周昭王末年，夜有五色光贯紫微，其年，王南巡不返。"

又如《吕氏春秋·音初篇》记载："周昭王将亲征荆蛮，辛余靡长且多力，为王右，还反及汉，梁败，王及祭公陨于汉中。"在《史记·周本纪》中也有相关的记述："昭王南巡狩，不返，卒于江上。"通过这些史料，可以看出当时荆蛮的势力极为强大，史料记载周昭王多次亲征荆蛮，却兵败，且丧命于江上。

关于荆州的历史地理坐标，在《尚书·孔传》曾有这样的记述："九江，江分为九道，在荆州"，指出荆州辖地是九江，而何为九江，清代刘培德认为九江即洞庭，他在《九江五溪考》一书中这样记载："九江，即洞庭。是九江之水，源则分脉，流则同归者也。"由此可见，九江仍指洞庭湖一带，与三苗时期的地理坐标偏差不大。而到了春秋战国时期，苗族主要生活在楚国境内。虽然，目前楚国的族属仍有争议，但有一点是肯定的，在楚国的民众中，少不了苗族先民的参与，他们也是楚国的主体。当然，在楚国主体中，也有其他民族同胞的先民。

倘若以蚩尤为苗族始祖来追溯的话，那么苗族人民的迁徙路线主要从黄河中下游不断向南迁至长江中游一带，在南迁的过程中，有一部分往东迁，有一部分往西迁。在中国的地理坐标上，苗族先民主要散布在黄河和长江流域。

有学者认为苗族历史上曾经出现过五次大迁徙。第一次，可以追溯到炎黄与蚩尤逐鹿中原，败事后其联盟，即九黎部落从黄河一带南迁至长江中下游平原一带，并建立三苗国。第二次，则是三苗国西迁和向东南迁移，一部分从洞庭湖西迁，远至我国西南地区和西北地区；一部分从鄱阳湖东迁和南迁，散布在赣、闽交界处。第三次，则是秦汉王朝建立以后，苗族先民不断西迁并散落在云贵高原的深山老林里；一部分南迁至桂、粤一带。第四次，可以追溯到清代雍正、乾隆、嘉庆、咸丰时期，苗民为了抵抗清廷的压迫，率民起义，如包利、红银起义，张秀眉起义等，最终还是难以抵抗清廷的压迫而败走，途经云南并一直南下，散落于东南亚地区。第五次，则是20世纪中后期，出于安稳和持续生存的考虑，一部分苗族迁至欧洲和北美洲。

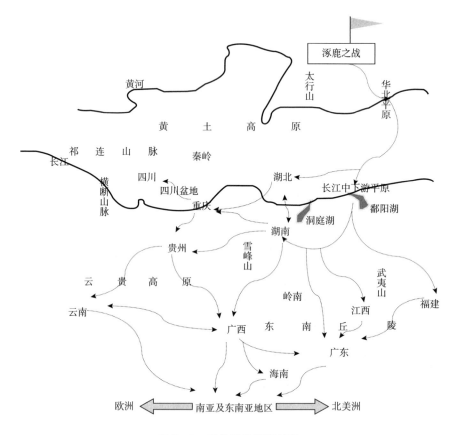

图 3-1　苗族迁徙路线示意

　　从苗族迁徙的路线来看，其经历了平原、山地、高原、丘陵、江河、海洋等。从纬度上来看，主要从高纬度迁向低纬度；从半球分布角度来看，以东半球和北半球居多；从气候类型来看，以温带大陆性气候、亚热带季风气候、热带季风气候居多。这些自然地理条件不仅促使苗族先民实时调适生活状态，也促成了独具特点的苗族文化。倘若将蚩尤视为苗族先民的话，早期其部落联盟主要活动于华北平原，涿鹿之战失败之后，南迁至长江中下游平原一带，并活动于洞庭、鄱阳两湖周围，而后向西迁至湖南、湖北、贵州、云南、广西等地，主要活动于云贵高原和岭南一带。另外一部分则继续南迁至东南亚、南亚国家，随后迁至欧美国家，历经山地、高原、海洋等复杂地形和气候条件。面对复杂多元的自然地理环境，苗族先民通过与自然的有机互动，不仅延续族群，还与自然生态形成良好的互动机制和生态智慧。

经过大大小小的战事和迁徙，苗族不仅延存其先民的文化，还成了一个多支系的跨境民族，其文化多样性特点也因此衍生。这在一定程度上源于其先民迁徙过程中所经过的自然地理条件，以及与自然互动所形成的生活生存方式。苗族先民在迁徙时，不仅向大自然寻求生存基础，还信崇并爱护自然，对自然生态的索取较为适度，形成了良好的生态消费文化。

三
苗族传统认知思维与元哲学思想

自人类从自然界独立出来，并成为一种独特种群之后，就不断建构自身世界。在建构人类社会过程中，人类形成了与动物界其他生命体不同的认知思维。回看人类早期的认知思维，或多或少有一点稚嫩感，这种心理反应应该被理解，因为站在现有的社会背景下去审视过往的人类行为，审视出来的效果必有偏差。因此，在审视、评判一种文化或一种行为时，应该充分采用情景理论加以分析。同样，在审视苗族的传统认知思维时，不应以现有的认知能力或认知水平去评判它的价值。苗族的传统思维或者哲学观，放在时下来审视会有不合理、不科学的地方，但有一点是可以肯定的，苗族的传统哲学观在当时社会必有它存在的合理性和功能，否则它不会流传至今天。

在人类社会史上，每一个人们共同体都有自己的认知方式和认知思维。苗族先民亦如此，他们在与自然互动的过程中，形成了自己独特的认知思维，这种思维是他们与自然长期互动的结果。在认识自然、利用自然的过程中，苗族先民也反思人从何而来、自然界又是什么等问题。这些问题很宏观，也很难说清楚，且不说是前人，就是在科学技术高度发展的今天，我们也难以回答这类问题，甚至找不出让人信服的答案。

哲学是一个永恒的话题，它贯穿着人类社会，无处不在。由于时代和文化背景不同，现代人习惯性地将哲学与科学联系起来，甚至有时难以划清两者的界线。诚然，见仁见智，谁也不能说清楚它们的关系，这或许就是哲学得以存在的空间，以及科学得到继续发展的理由。事实上，它们都出自人类社会，关注对象也是人类社会，两者都是人类的认识思维，并往往作为一种理性指导资源来服务人类社会。然而，哲学思想或科学思想的形成，离不开现代人看似荒谬可笑的原始思维。可以说，没有人类原始思维，现在的哲学或科学就不可能发生或存在，它是现代哲学或科学的基础来源。

将苗族传统认知思维放在当下社会，许多人会觉得过时或是一种糟粕，然而正是这些传统认知思维维续了苗族社区社会的稳定和发展。就相关研究来看，苗族的传统认知思维主要存在于诗歌、传说、故事、谚语，等等。由于没有成体系的文字，因而苗族文化的传承往往以口传心授为主。现在人们很难想象出当时苗族的生活场景，但可以通过苗族的古歌、诗歌、传说等去了解。在苗族文化体系中，其古歌内容非常丰富，目前学术界也不断涌现出相关的研究成果，对后人了解苗族历史文化具有重要的意义。

在人类文化史上，天地如何形成；人类从哪儿来，又将去哪儿，这些浩瀚无边的思哲问题，一直让人类苦思。就天地如何形成而言，在苗族的古歌中曾有不少记述。由于苗族是一个支系繁多的民族，不同区域的苗族，其古歌演唱的内容和形成也不一样，呈现出多样性特点。因此，目前已有的苗族古歌研究成果颇多，几乎每一个苗族支系都有自己的古歌，这些古歌中蕴含着他们对天地万物的认知思维和哲学思想。目前，整理出来的苗族古歌、史诗成果中，主要有马学良、今旦译注的《苗族史诗》，贵州省民间文学组整理、田兵编选的《苗族古歌》，贵州省少数民族古籍整理出版规划小组办公室编、燕宝整理译注的《苗族古歌》，潘定智、张寒梅、杨培德编撰的《苗族古歌》，石宗仁收集翻译整理的《中国苗族古歌》，吴一文、覃东平编撰的《苗族古歌与苗族研究》和

《苗族古歌与苗族历史文化研究》，贵州省铜仁地区民委古籍古物办公室主编、龙岳洲等编的《武陵山苗族古歌》，等等。

就天地万物的造生初始顺序而言，在许多苗族古歌中可以寻找到这方面的一些认知思维，尽管这些认知思维看起来有些让人感到疑惑，但它确实是一个值得深究的课题。因为在苗族的古歌中，涉及天地如何形成、人类从哪儿来等重大哲学问题。在苗族开天辟地歌中，不断追问天地万物的初始问题，如由台江县秦公、施秉县岩公、凯里市李普奶等八位歌手演唱，桂舟人、唐春芳等搜集和整理，并由贵州省民间文学组整理，田兵编选的《苗族古歌·开天辟地歌》中，唱的是天地万物出现历程和顺序，古歌是这样演唱的。

关于生命初始的发问：我们看古时，哪个生最早？哪个算最老？

开始答道：姜央①生最早，姜央算最老，他来把天开，

他来把地造，……才生下你我，做活养老小。

疑问：姜央生最早？姜央算最老？

答道：姜央生得晚，姜央不算老。

疑问：府方②生最早？府方算最老？

答道：府方生得晚，府方不算老。

疑问：养优③生最早？养优算最老？

答道：养优生得晚，养优不算老。

疑问：火耐④生最早？火耐算最老？

答道：火耐生得晚，火耐不算老。

疑问：剖帕⑤生最早？剖帕算最老？

---

① 姜央：苗族传说中的人类祖先，有时简称"央"，有时又称"那"。但"央""那"有时各是一人，有时又作"人""我们"的广义称谓。本书以后各首歌唱到"央"或"那"时，均依此灵活解释，不另加注。
② 府方：传说中的巨人。
③ 养优：传说中的巨人。
④ 火耐：传说中的巨人。
⑤ 剖帕：传说中的巨人。

答道：剖帕生得晚，剖帕不算老。

疑问：修狃①生最早？修狃算最老？

答道：修狃生得晚，修狃不算老。

疑问：黄虎②算最老？

答道：黄虎生得晚，黄虎不算老

……

追问：哪个生最早？哪个算最老？

答道：云雾生最早，云雾算最老。

追问：云来诳呀诳③，雾来抱呀抱，哪个和哪个，同时生下了？

答道：云来诳呀诳，雾来抱呀抱，科啼和乐啼④，同时生下了。

追问：科啼诳呀诳，乐啼抱呀抱，哪个和哪个，又生出来了？

答道：科啼诳呀诳，乐啼抱呀抱，天上和地下，又生出来了。

追问：天刚刚生来，天是什么泥？地刚刚生来，地是什么泥？

答道：天刚刚生来，天是白色泥；地刚刚生来，地是黑色泥。

追问：天刚刚生来，像个什么样？地刚刚生来，像个什么样？

答道：天刚刚生来，像个大撮箕；地刚刚生来，像张大晒席。

追问：刚刚生下天，刚刚生下地，两个相重叠？还是各分离？

答道：天地刚生下，相叠在一起，筷子戳不进，耗子住不下，
　　　虫虫压里头，水也不能流。天地刚生下，相叠在一起……

继续追问：哪个是好汉，辟开天和地？

答道：剖帕是好汉，打从东方来，举斧猛一砍，天地两分开……

继续追问：哪个生最晚，哪个算最小，他来造什么，客人⑤可知道？

答道：姜央生最晚，姜央算最小，造狗来撵山，造鸡为报晓，造牛

---

① 修狃：传说中的巨兽，其音与犀牛相近，可能就是犀牛。

② 黄虎：传说中的巨人。

③ 诳：贵州方言，即用语言逗趣小孩的意思。

④ 科啼、乐啼：传说中的两种巨鸟。

⑤ 客人：歌手之间的客气称呼。

来拉犁，造田来种稻，才生下你我，做活养老小。①

从苗族开天辟地歌演唱内容来看，就天地万物的初始起源以及其先后顺序，苗族先民开始发问，在各种答案中不断质疑，开始认为最先出生的是姜央，后来觉得不是，又认为是府方、养优、火耐、剖帕、修狃、黄虎等。在不断的发问和疑问中，觉得他们都不是最先出生的，最终认为，最早出生的是云雾。由此可以看出，苗族先民具有朴素的唯物主义自然观，他们认为云雾是最先出生的，先有了云雾，才有了天地，再有了人，正如《苗族古老话》中所言：

天气化成了搜媚若，②

地气化成各薄港搜，③

从那时候起……

陆地水域有生物存，

先起苔藓生鱼虾，

后有蛆虫蛇莽鸟雀虎狼马，

接着才有猿猴类人猿，

最后才育原始人。④

从《苗族古老话》中可以看出，它与现代生物学中的生物进化论有着许多相似之处，均认为人是从自然界中演化分离而来的，并明确指出整个宇宙的演化过程，先形成自然中的苔藓、鱼、虾，而后才有蛆虫、蛇莽、鸟雀、虎、狼、马以及类人猿和人类。这样一种生命渐进过程，在《苗族古老话》中体现得淋漓尽致。

在苗族的古老话中也有只言片语记述了万物共源的内容，例如由湘西花垣县民间老苗医龙玉六口述，龙炳文、田兴秀整理翻译的《古老

① 贵州省民间文学组整理、田兵编选《苗族古歌》，贵阳：贵州人民出版社，1979 年，第 1～16 页。

② 搜媚若，苗语音译，意为生成的能量。

③ 各薄港搜，苗语音译，意为生成的物质基础。

④ 湖南少数民族古籍办公室主编《苗族古老话》，长沙：岳麓书社，1990 年。

话·事物生成同一根》中曾这样记载："千万事物同一理，事物生成共源根。头等重要搜媚若，第二是各薄港搜，第三是玛汝务翠，[1] 三样缺一不得生。生成相资双有利，相制牵掣得平衡。相征我求彼有应，相夺我好彼有损。优劣相斗有胜负，生成难全古到今。增多变好无穷尽，人类前途最光明。"这是阿濮朴童[2]对掌管乾坤人的教育，苗族人民从古代沿袭相传直到如今。

从以上古老话中可以看出，苗族先民认为万物同源，事物生成离不开搜媚若、各薄港搜、玛汝务翠，"三样缺一不得生"。

按照苗族先民阿濮朴童的说法，能量、物质、结构三者是事物生成的基本要素。事物的活力主要表现在能量（搜媚若）上，它是滋生新事物的原动力，搜媚若是由构成事物的具体物质（各薄港搜）产生和释放出来的，没有物质基础（各薄港搜）就没有能量（嫂媚若）。同时又强调："三样缺一不得生"，即事物的产生、成长，无不依赖于搜媚若（能量）、各薄港搜（物质）和玛汝务翠（良好结构），缺一不可。[3]

关于生命的生成顺序，在《苗族古歌·开天辟地歌》中得出结论，认为万物之始，起于气，即云雾，先有云雾，才有天地，而后有人类，如"云雾演化成泥，泥又演化成天地，天地才化生成万物"，"天地生昆虫"，"生鬼神"，"生树木"，"生撵山的狗"，"生犁田的牛"，"生报晓的鸡"，"生你们和我们"。[4] 这是一种从无到有的朴素演进逻辑思想，即朴素的生成哲学。在苗族的古歌中，许多生成哲学思想，如"云雾演生说""枫树生成说""卵生说"等，均把物视为生命生成之源，从这里面零星可以看到"天人同一""人兽同源"的进化思想，并且其认为事物是一个不断运动和相互矛盾的过程，这种朴素的生成哲学思想的确难能可贵。

---

① 玛汝务翠，苗语音译，意为生成的良好结构。
② 阿濮朴童，系传说中的古代苗族哲人和首领。
③ 伍新福：《苗族文化史》，成都：四川民族出版社，2000 年，第 204 页。
④ 中国作家协会贵阳分会筹委会编《民间文学资料》（第四集），1958 年，第 21 页。

第四章

苗族传统生态消费文化
生成动力

　　苗族传统生态消费文化的生成是一个漫长的过程，是苗族先民长期与自然互动所形成的生态观念和生态智慧。它是苗族先民在认识自然和利用自然的过程中，抽象出来的对象化结果，这为苗族先民及其后代在与自然发生关系时，起到关键的规范作用。可以说，这种生态观念和生态智慧，已经成为苗族先民及其后代的行动逻辑和共生规范。

一

自然律的不可抗拒性与遵从思想

　　苗族先民在与自然进行持续的实践互动过程中，经历了从对自然未知到初知，逐步认识到自然规律的可利用性，并巧借这种规律来发展自我的过程，如苗族先民根据时节变化来开展农事活动，利用自然物来建构自我等实践行为。在认识自然和利用自然的过程中，苗族先民充分认识到自然规律的不可抗拒性，只有充分尊重自然规律，才能更好地利用自然规律来建构自我和发展自我。因此，可以说自然规律的不可抗拒性是苗族生态观念和生态智慧形成的一大动因。苗族先民在与自然界互动的过程中，充分认识到自然界的内在要求，即人的诉求不能超出自然界的赋予能力。这种生态观和生态智慧在苗族生活集聚区极为常见，例如苗族人民在捕鱼时，不仅分季节，还要看鱼的性别，苗族人民一般不会在鱼的产卵期捕鱼，而是等到产卵期过后；在捕鱼的过程中，幼小的鱼和雌鱼则会被放掉。因为他们深知，把幼小的鱼和雌鱼捕了，今后鱼的数量就会越来越少。这种看似不起眼的举措，却维续了苗族社会生活的稳定和发展。

苗族先民在充分认识自然规律的基础上，往往把自然规律看成"因果报应"，认为只有尊重自然规律，才能获得更好的发展资源和生存空间，于是他们常常把自然界中的某些未知现象看成"神"或"鬼"，并加以崇拜，形成了现今人们常说的自然崇拜、图腾崇拜和祖先崇拜等。在这些原始崇拜或原始信仰中，有些崇拜对象被苗族人民拟人化，苗族人民把它们也看成生命的一部分，并以平等态度对待。于是在自然的不可抗拒性、原始崇拜、原始信仰，以及生命平等观的长期影响下，苗族传统生态消费文化逐渐形成，并作为苗族社区社会的一种共生规范。

苗族人民在与自然互动过程中，认识到人类只是自然界的一个组成部分，如在《苗族古歌·开天辟地歌》中谈到谁是生命初始者时，最后得出"云雾生最早""云雾算最老"的结论。由此可以看出，在苗族先民的意识中，已经折射出一种朴素的唯物主义观。因此，"云雾"（自然）在苗族的观念中逐渐形成，他们把自然视为万物之始，并把谁生最早、谁算最老作为生命秩序。"生最早"和"算最老"成了苗族人民普遍尊重的"老者"（自然），所以，苗族先民都比较遵从"老者"（自然）的意愿。

自然律具有强大的不可抗拒性，这种不可抗拒性使得苗族先民懂得尊重自然，关爱自然。他们把自然界看成自己生存空间的一个部分，同时也将自然资源视为自我发展的动力来源。在自然界中有许多未知的自然之物，苗族人民往往持着敬仰之心加以对待，而不是怀着极大的猎取心对其进行探索。因为在他们的心里，尚未知道的自然之物往往具有某些特殊的力量，这种力量常常具有某种平衡功能，所以他们往往将其视为特殊的物群。

自然之物在苗族传统观念中，并非只有使用功能。具体来说，在苗族看来，人只是自然界中的一个部分，而不是自然界的全部。因此，在向自然界索取的过程中，节制成了不可或缺的指导理念。在社会生产力水平较低的情况下，苗族人民深知取舍有度的生存智慧。实际上，在人类社会早期，许多人们共同体消亡，其一部分原因就在于自然律的不可抗拒性，即没有充分认识自然律和尊重自然律，以及合理和科学地利用自然律。苗族这一人们共同体之所以能够延续至今，离不开其独特的共生理念，即人与自然万物的共生，从动物到植物，涵盖自然界中的万物。虽然，苗族在寻求自我发展的过程中，会"折损"其他生命，但这个度总被控制在一个相对宽松的范围之内。

苗族不是一个对自然"赶尽杀绝"的民族，他们深刻知道自己的祖先从自然界中来，并认为是大自然赋予自己生命，在苗族古歌中，就有许多这些方面的记述，如"枫树歌""蝴蝶妈妈"等。这些看似不起眼的思维，却与生物进化论有着某些共同的特征，在生命起源上形成一些意想不到的"共识"。因而，在苗族人的观念里，尊重自然，则是尊重祖先；关爱自然，则是在关爱自己。他们把自然界看成生命的一个整体，相互影响、相互作用、相互制约、相互促进，形成一个和谐共生的生命链条。

苗族人的意识中将自然律看得极为神圣和重要，并且把自然律的某些功能无限放大，从而"威慑"族群，使族群按规律办事。在现今的苗族聚居地，常常听到这样一句话，"不能浪费米饭，践踏米饭，小心被雷劈"。这看似极为普通，且没有"科学"依据的一句话语，却道出了苗族人民的节俭美德。这种美德的形成与苗族的生态消费观有着密切的联系。首先，苗族人民承认，大米源于自然界，它是人类与自然界长期互动劳作的结果。其次，既然大米是自然之物，源于自然界，人类是从自然界中将其获取，就应该珍惜米饭，否则会受到自然的惩罚，即"被雷劈"。这体现了"自然至上"的观念，且不谈其合理性和科学性，仅就这句话的影响力而言，就带来双重积极性效果：一是促使苗族人民与自然生态形成共生观念；二是引导和规范苗族人民的消费行为，从而与自然生态形成良好的共生关系。

在早期社会，自然律的不可抗拒性，迫使苗族人民形成遵从思想。这种遵从思想一方面体现了自然的不可抗拒性，另一方面也说明了苗族先民懂得共生智慧。由于对自然的认知能力极为有限，加上当时社会生产力水平较低，当面对未知的自然律时，他们表现出遵从，并做出相应的遵从行动，表示尊重自然，希望能够得到自然的关爱。苗族常常把自然界中的某些物象拟人化。在苗族古歌中常常看到一些遵从思想的影子，如苗族的迁徙歌。很多学者在研究苗族迁徙史时，习惯性把视角聚焦于战争，而忽略了自然选择的因素。事实上，在苗族古歌中就有许多内容讲述到苗族迁徙的原因，例如为了寻找更好的生存空间——水源丰沛、土壤肥沃、动植物繁盛、空气宜人的地方，正是这些生存要素的改变迫使他们迁移。除了战争以外，原有生存空间的萎缩和凋敝以致无法满足更多的诉求或新的诉求，则是他们被迫迁徙的一大动因。由此可见，寻求新的自然资源富集地则成了他们的必然选择，遵从自然思想便形成了。

在中国的早期社会，乃至当下社会，仍有为了寻求更好的生存空间而做出遵从行动的族群，这些族群主要集中在我国高原或草原地带，具体来说就是游牧民族，他们往往逐水草而居。这种生活方式在根本上还是受自然条件的影响。在我国北方和西部部分省份，游牧民族较多，他们靠"天"生活，"天"一旦发生变化，他们也要做出相应的调适，以确保自身的生存。因此，他们的生活空间经常发生移位。这种生活空间的移位，从另一个侧面来说，除体现自然律的不可抗拒性所带来的遵从行动以外，也体现了一种人与自然和谐共生的理念。

游牧民族在与自然互动的过程中形成了自己独特的生态观念和生态智慧。例如随着季节的变化，他们会时时将生活空间迁移，以适应新的生存环境。他们繁殖的种群也很有讲究，往往根据草场、水源等空间来安排。他们在自然环境承受能力范围之内，且不过分违背自然律的前提下进行放牧，一方面实现了放牧的基本诉求，另一方面确保了自然生态平衡，这是一种人与自然和谐共生的具体表现。当然，这种生态观和生态智慧在其他人们共同体的生活世界中也有体现，只是每一个人们共同体的认识路径不同而已，其实有异曲同工的效果。

苗族是一个懂得关爱自然、尊重自然以及遵循自然规律的民族。可以说，正因为有了这些生态意识和生态智慧，苗族的社区社会才得到渐进有序的发展。他们对自然的消费，总体是有限制的，这种限制在很大程度上取决于他们对自然的崇拜和尊重，他们在对待自然生态上，总是保持一种敬仰或崇拜的心态，这种行为往往在苗族的民间宗教信仰中得以体现。由于自然律的不可抗拒性以及自然资源的有限性，苗族人民在消费自然资源过程中，不得不做出调适以寻求符合自身与自然和谐共生的生存智慧，因而生态消费则成了文明的消费模式。

自然律的不可抗拒性，不仅是苗族遵从自然思想形成的基础，也是苗族传统生态消费文化形成的一大动因。事实上，苗族人民在与自然长期互动的过程中，也会有"战胜"自然的意念或实践行为，只是在与自然"对抗"的过程中，不仅难以找出"战胜"自然的有力条件，还往往被自然力牵着，基于这样的境况，苗族人民常常采取调适的路径，以尊重自然、关爱自然为前提，并试图建构人与自然和谐共生的生存路径。自然律的不可抗拒性，在本质上不仅要求人类对自然的索取要有规范（生态消费和文明消费），更要求人与自然必须建立和谐共生关系，这种关系的建构主体和维护主体主要是人。苗族先民早就意识到这一点，于是主动积极建构有利自我发展，以及符合自然律的共生关系，苗族也因此形成了独特的生态观和生态智慧，其对于规范苗族的生态消费行为具有重要的指导意义。

二

民间宗教信仰的定力支撑

民间宗教或称民间信仰，也有学者称其为民俗宗教或普化宗教，具有很强的混合性和散漫性，是一类综合宇宙观、人生观，融合神灵、祖先、鬼魂、精灵等杂神信仰崇拜系统，同时还包含了大量的仪式、个人宗教实践，如占卜、巫术、符箓、咒语等宗教行为，根植于民众日常生活之中。[①] 苗族传统生态消费文化的产生和形成，离不开其民间宗教信

---

① 梅军、吴秋林：《贵州多元宗教研究》，成都：电子科技大学出版社，2011年，第6页。

仰。这两者看似没有多大的内在联系，事实上，苗族民间宗教信仰是其传统生态观和生态消费文化形成和延续的一大关键动力。但凡看过苗族古歌唱词的人都知道，其中有不少内容涉及苗族的民间宗教信仰问题，即自然崇拜、图腾崇拜、祖先崇拜等。当然，会有人认为自然崇拜、图腾崇拜、祖先崇拜等不属于宗教信仰范畴，事实上，这种观念受到了现有宗教文化背景的影响，许多人认为只有成体系的现代宗教，如伊斯兰教、基督教、佛教、道教、天主教、犹太教等才称得上是宗教，因为这些宗教往往有自己的典章、场所、职员、仪式等，他们的活动具有一定的规范性，而我们常说的自然崇拜、图腾崇拜、祖先崇拜相对要涣散。相对于现代宗教而言，自然崇拜、图腾崇拜、祖先崇拜没有统一或固定的典章、场所、职员等。在现今社会中，民间宗教仪式规模相对较小，往往被人们忽略，被视为迷信，或违背科学的活动。实际上，但凡对宗教学有所了解的人都知道，宗教的内涵和外延都具有极大的张力，它涵盖了人类早期的民间宗教信仰，而不单指现今的制度性宗教。时下看到的现代制度性宗教，其实它们都离不开民间宗教的影响。

在苗族的社会生活中，尤其是其早期社会，民间宗教、信仰（自然崇拜、图腾崇拜、祖先崇拜等）不仅是精神支柱，同时也是行动逻辑。在苗族的许多古歌中，直接指出自然是万物之始，如古歌中认为世间万物之始源于"云雾"，先有了"云雾"而后才有天地、动植物和人。他们把生最早、算最老视为生命秩序，并把生命中的"早"和"老"视为"先行者"加以崇拜。在苗族先民的世界观里，"云雾"生最早，也算最老，于是产生了敬天的自然崇拜。在与自然界中的动植物互动时，由于当时苗族先民对自然的认知能力具有一定的局限性，所以"新事物"往往成为他们的未知物，这些未知物又由于具有某些象征功能而被苗族先民敬拜，不能被随意索取或磨灭。因此，自然界中的一些动植物往往变成了苗族精神世界中的图腾物，这些图腾物具有某些庇护功能，使苗族人民免受灾害。有些古歌唱词中提到，苗族的祖先始于枫树。在苗族的传统生成哲学中，认为他们的祖先是从枫树中演进而来的，所以枫树在苗族社会生活中极具神圣性。他们把枫树看成一种神树，这种神树具有"神"的功能，它能为苗族人民庇护、消灾。

苗族民间宗教信仰，虽说没有现代宗教或典章（制度性）宗教规范，但它却对苗族生态消费观的形成具有重要的作用。事实上，民间宗教信仰的形成，在很大程度上源于自然律强大的不可抗拒性，以及自然遵从思想。简单来说，就是人在与自然互动过程中，即人与自然的"较量"或"对抗"，由于人对某些自然力的无能为力而不得不做出妥协的选择。

起初人类往往把自然视为"征战"的对象，以及生存资料获取的主要来源，在长期的"征战"过程中，人类没有占得绝对优势，经过无数次的"较量"和"对抗"，人类不仅意识到自身能力的局限性，同时也意识到某些自然律的不可抗拒性，于是"妥协"与"让步"成为人与自然关系得以持续稳定的关键因素，而人则是"妥协"和"让步"的第一性。因为人在与自然长期互动的过程中，逐渐意识到自然的不妥协性以及自然的毁灭性，在自然强势"反攻"下，人类只好"妥协"和"让步"，并试图建构新的互动机制。

从某种程度上来讲，苗族民间宗教信仰的产生也是其先民长期与自然互动调适的结果，这种调适往往具有被动性，主要由于对某些自然力缺乏认知能力而形成，而那些已经被认知的自然之物或自然力，其神秘性或神圣性与未知的自然之物或自然力相比，则不断被弱化，这是人的天性使然。

苗族传统生态消费文化是一种与其民间宗教信仰具有密切联系的文化形态。这种文化最初只是一种与自然互动的方式，或者说是苗族人民精神寄托的路径，可是经过长期的演变和发展，这种对自然的崇拜成了一种生态观和生态智慧。这种生态观并没有事先安排的理论预设，它是一种自然催生的生态伦理。所以说苗族传统生态消费文化是一个自发性的渐进物。

在苗族的传统社会生活中，民间宗教信仰具有不可替代的作用，它贯彻着整个苗族人的精神世界，甚至所有的物质世界，即整个苗族的社会生活。虽然现今社会已是科学技术引导的社会，但在苗族社会生活中，常常会看到一些与现今社会"格格不入"的文化现象。这种现象不仅发生在苗族人民生活的区域内，在其他人们共同体的生活世界里也会常有发生，而且发生的频率比较高、覆盖面比较大。倘若完全站在现代化背景下去审视这些"文化景观"，许多人会产生各种疑问，甚至质疑这种异文化，以及猜想它会给现代社会带来哪些负面的影响，有些传统"文化景观"在各种质疑声中被消解，甚至陷入"异质化"或"同质化"的选择困境。

苗族的民间宗教信仰是其在消费自然过程中形成，反过来，这种信仰定力支撑着苗族的生态观。事实上，许多苗族民间宗教信仰对象物都是自然之物，在这些自然之物中，有些曾经被苗族先民视为被消费的对象，只是在消费过程中，由于自身的消费力不足，以及因此带来的种种困惑，于是将其视为具有某种特殊功能或象征意义的图腾加以崇拜。在这个过程中，由于认知能力的局限性，某些自然之物或自然力在苗族意识坐标系中，其坐标值往往被定得很高，因而某些自然之物则从被人们消费的对象转成人们崇拜的图腾。这一身份重构，不仅折射出当时人们认知能力的局限性，也引发了人们对自身实践行为的思考。于是人与自然和谐共生的理念在民间宗教信仰体系中逐渐形成。

在现实生活中，一些人认为人与自然和谐共生的理念是近年来社会发展的产物，或者说是现今社会治理中由于人与自然的关系不断紧张，生态问题不断突显而建构出来的理性指导资源。其实，这种共生理念在人类社会早期就有，只是当时的人们没有把它抬得那么高。如果换一种审视路径来反观和比较当时人与自然的关系和时下人与自然的关系的和谐度的话，不难看出当时人与自然的关系是相对和谐的。按照逆向思维，被人们关注或呼吁的事物，常常有两种效果，一种是积极的，一种是消极的。那么就当前人与自然的关系来看，并没有人们想象中那么和谐，两者的关系一直被"危机""崩溃""断裂"充斥着，不断引发各种矛盾。因此，人与自然的关系一次次成为众人的焦点。传统智慧是现代创新的基础，也是现代创新的重要来源。在经济至上、现代化背景下的今天，许多传统智慧不仅没有被充分挖掘，反而被遗忘，甚至被人们唾弃，这是一种让人心痛的现象。

苗族的生态消费观，包括其他人们共同体的生态消费观，其实早就有，只是没有被人们挖掘或抬到一定的高度，只有当人与自然的关系变得紧张，并通过传统生态理念可实现有效治理时，这些传统智慧才逐渐被认可。实际上，存在这种现象并不奇怪，因为人是一种极具目的性的动物，几乎所有的实践行为的出发点和落脚点都离不开人的需求，只有能够实现人的诉求的实践，人才会做出相应行为上的反应。在对待自然生态上，人亦如此，只有当人与自然的关系走到紧张状态时，人才会去考虑调适的方案和应对措施。倘若人与自然的关系仍处于一种相对稳定的状态，人往往不会主动去维护现有的状态，或者继续巩固和发展两者的关系，这是人性使然。

传统智慧在现代社会中，往往因为"不能代表时代主流文化"而被人们忽略，只有当人们无力用现代理念或现代科学进行社会治理时，才会试图去尝试采用传统智慧。实际上，这种社会治理思维是不科学的，传统不意味着滞后，现代也并非完美无缺。智者往往在传统中寻找创新的灵感，并将传统在不同的时空场域发挥得淋漓尽致，使传统与现代有机结合起来，而不会因为传统自身的部分局限性，将传统与现代完全割裂。

苗族民间宗教信仰也是一种传统文化，不能因为它具有较强的传统性而将其与现代社会对立或割裂起来。按照功能主义学说，存在必有其理由或功能。苗族民间宗教信仰是苗族先民与自然互动的产物，在当时社会，由于苗族对自然认知水平有限，常常将某些未知自然之物或自然力视为具有特殊功能或符号象征意义的"神"，并加以崇拜。从一定程度上来讲，不仅稳定了苗族人民的精神世界，也有效缓解了苗族社区人与自然生态的矛盾，使苗族社会得到渐进有序的发展。

对宗教有所认识和了解的人都知道，宗教的功能很多，它不仅稳定了人们的精神世界，也维护了人类的社会秩序。综观时下世界，许多国家的建构，以及其社会秩序的维续都离不开宗教的力量。有些国家是政教合一国家，有些是单一宗教治理国家，当然也有不以宗教名义治理的国家。微观一些国家的治理逻辑，不难发现，许多国家虽说没有贴上宗教治理的标签，但实际治理中带有宗教成分。关于宗教的好与坏的二元对立探讨，有人说它是人们的精神鸦片，有人说它是人们的精神源泉，有人说它是一把双刃剑等，仁者见仁，智者见智，众说纷纭，莫衷一是。

在苗族的民间宗教信仰体系中，常常看到一些让人费解的"文化景观"，例如苗族人把一些古树或"母树"视为保护神。在许多苗族村寨中，往往看到一些大树的根部周围插满香以及贴满纸钱，并挂有各种具有符号象征意义的物项。这些树往往因为人们的祭拜而被独立保护起来，任何人不能随意砍掉，否则会受到人们的谴责和"神树"的报应。在这里暂且不谈这种乱砍古树是否受到"神树"的报应，仅就人与自然生态相互促进，和谐共生而言，这种举措对于推动人与自然的关系走向和谐共生具有重要的现实意义。它在一定程度上划出了苗族人民的实践界线，同时也规范了苗族人民的实践行为。这种民间宗教信仰的形成和长期存在，不仅维护了苗族地区的自然生态的平衡，同时也规范着苗族人民对自然的消费模式。

在余永富、杨杰、唐秀俊、吴乔明的《雷山县乌东村生态文化调查报告》中，记载了人与树的关系：乌东人视古树为神灵。村北的"坡者若"山上的四株老木荷、村中央的大麻栎树被村民奉为神树。人们拜祭神树，请神树赐名于小孩，以求小孩如古树一样长盛不衰。村北的"佳翁"（龙潭）边上有一株古秃杉，胸围够几人合抱。这古秃杉相传在雨天时常化为长虹飞天而去，故此古秃杉成为龙树。村里的鬼师进入阴间前，要首先来到龙树下，登上树才能飞天进入天府。乌东村人祖祖辈辈敬畏龙树，无人敢去攀爬或砍伐秃杉及周围林木，致使古秃杉一带无人破坏，森林茂密。① 可见，在乌东村苗族人的观念中，树具有"神性"。

事实上，苗族的民间宗教信仰只是其信仰体系的一个组成部分，除了民间宗教信仰以外，制度性宗教或现代世界性宗教在苗族生活的区域内也有所分布，部分苗族人民也是这些信仰体系中的一员。当然，这些宗教教义也会涉及一些生态观和生态消费伦理，由于研究的向性问题，在此就不赘述这些宗教。这里主要探讨苗族的民间宗教信仰与生态消费文化生成的关系。通过研究，苗族的民间宗教信仰对苗族传统生态消费文化的产生和维续具有重要的作用。在一定程度上，可以说苗族的民间宗教信仰是苗族传统生态消费文化形成的动力，以及苗族传统生态消费文化持续发展的关键性因素。

三

拟人化的人文关怀和共生理念催生

苗族人民在消费自然资源的过程中，总是本着取舍有度的思想，甚至将自然界中的某些自然之物或自然力拟人化，加以关爱。在苗族的观念中，他们认为万物都是有生命的，只是各自生命表现形式不同而已，既然都是有生命的自然之物，就应该得到尊重。这种观念一直贯穿于苗族人民的社会生活，虽说他们也向自然界索取，或占有其他自然之物来建构自我和发展自我，但他们常常把共生理念纳入自己的实践行动当中，并以此作为自己的共生实践规范，从而规范自己的相关行为。

在苗族生命秩序观中，自然界乃万物之源，包括人类。因而"听天命，行天理"是苗族的一种实践逻辑。首先遵照自然律，即"听天命，行天理"，这是一种朴素的唯物主义观，它在一定程度上影响着苗族的实践行为。在这一共生规范引导下，苗族人民往往把自然界中某些具有特殊功能的自然之物或尚未被认知的自然力拟人化，把它们视为生命的一

---

① 杨从明编著《苗族生态文化》，贵阳：贵州人民出版社，2009年，第153页。

部分，让它们和人一样享有被尊重的待遇。当然，倘若将分层理论纳入，并对其进行审视，难免会有"不一致性"的效果发生。其实，这种"不一致性"的效果应该被理解，因为考量事物的理论尺度和理论视角不同，自然会产生偏差效果。对于苗族的"生命平等观"，则应以文化相对主义的视角来审视其价值和意义。在苗族看来，万物皆有生命，既然都是生命体，那么理应被尊重，并且一律平等对待。

在苗族的传统观念中，任何一种生命都应该是平等的，没有高低贵贱之分，不同的只是它们的表现形式不同而已。所以苗族人民在消费自然之物时，总是抱着感恩和回馈之心，并付出相应的实践行动。在贵州省黔东南苗族侗族自治州从江县境内，有一个苗族村寨叫作岜沙，这个苗族村寨具有悠久的历史文化。长期以来，由于这里的苗族人民与外界联系较少，其原生文化相对保存完好，因此，有些人称之为"中国最后的枪手部落"。同时，当地旅游部门巧借其文化差异性特点来建构民族旅游业，并把岜沙列为一个重点民族旅游村寨。随着乡村旅游业的兴起，岜沙也不断被外界所熟知。2012 年夏天，由于课题研究需要，笔者有幸前往岜沙进行为期一个月的田野调查，亲身体会了当地的苗族文化。在一次访谈中，笔者发现一个很有启发性的问题。在岜沙，人死后，必须砍下树木做他的棺材。在砍树和制作棺材的过程中，也很有讲究，必须有相关的丧葬祭祀词，而让人更费解的是，当把人下葬时，则要在坟墓上种上一个棵树。虽然很难理解这其中的用意和做法，但从另一个侧面来说，它是一种生态平衡行为。因为在埋葬死人的过程中，需要消费自然之物，即砍伐树木制作棺材，而在下葬死人过后，则种上一棵树，以感恩和回馈自然。这种具有民间宗教信仰色彩的行为举措，无形当中维护了当地自然生态的平衡，使得岜沙苗寨的森林覆盖率长期维持在较高水平。从岜沙的苗族丧葬文化中，我们可以发现当地苗族对自然的敬爱，他们祭拜古树，不能乱砍滥伐，即使需要砍伐树木，也很有讲究，而不是肆无忌惮地砍树倒山。这种传统生态观不仅规范着当地苗族人民的实践行为，也维护了当地人民与自然和谐共生的关系。

在苗族的生活世界里，常常看到一些令人费解的现象，他们习惯性地把自然之物视为自己的"父母"；在贵州省黔东南部分苗族人民聚居区，苗族人民则将某些自然之物视为自己的"第二父母"。拜"保爷"在中国传统社会里是常有之事，主要是由于刚出生的孩子身体不好，常常爱哭，只有拜"保爷"才能健康成长。这里的"保爷"一般都是人，但苗族的"保爷"除了人以外，还有树木、山河、石头等。GPC 是贵州省黔东南一带的一个苗族村寨，这里居住着 400 多户苗族人民，他们的传统文化保存得相对完好。当地苗族也有拜"保爷"的习俗，与其他地方的拜"保爷"具有一定的相似性，都是为刚刚出生的婴儿所举行的一种仪式，主要希望通过"第二父母"来保佑刚出生的孩子，使他们健康成长。与许多地方不同的是，当地苗族人民除了给孩子们找一些自己的同龄人来作"第二父母"以外，还有一些父母也将自然之物作为孩子的"第二父母"，例如古树、大石头、小溪、小河等。每当过年过节时，他们都会带领着自己的孩子到山上或到水边去祭拜"保爷"，给他们送吃的。其中拜树和拜石头为"保爷"在当地比较盛行，在当地人的观念里，这些古树或大石头具有某些"神力"，可以保佑孩子健康成长。每逢特殊时节，尤其是过年期间，山上或水边总会有一些香和纸钱的味道，那是许多当地苗族父母带着自己孩子去祭拜"保爷"散发出来的"健康信号"。这个过程很有讲究，并非烧香和烧纸钱那么简单，还有一系列的仪式，例如念"保佑词"、"健康词"以及"成才成富词"。当然，在进行这些仪式时，少不了相应的祭拜品，其中鸡或猪为最高祭拜品，而最简单的祭拜品就是"刀头"（猪肉）。

在祭拜"保爷"上，GPC 苗寨是一个独特的范例，当地苗族人民除了将人视为"保爷"以外，也将自然中的古树、石头、山河等作为祭拜对象，这里面不仅体现了苗族的民间宗教信仰文化，也折射出了人和物同源的思想，以及万物皆生命的生命平等观。在拜"保爷"的过程中，自然界中的古树、石头、山河一旦被确立为祭拜的对象，即孩子的"第二父母"，那么这些古树、石头以及山河等都被赋予了新意，他们和人一样，对孩子都有"照顾"和"保护"的义务，而孩子们也像孝敬自己亲生父母一样敬爱古树、石头以及山河等。逢年过节，都要去祭拜一次，并祈祷他们保佑自己健康成长，直到自己生命结束。同时这些古树、石头以及山河被确立为孩子们的"保爷"，任何人不能随意将其占为己有，更不能随意去破坏他们，破坏的人除了受到"保爷"的孩子及孩子父母的谴责以外，还会受到这些"保爷"的报应。于是这些"保爷"在当地享有很高的地位，大家都很尊敬"他们"。

事实上，在拜"保爷"的过程中，自然生态中的古树、石头、山河被赋予了"人性"，即被拟人化，人们把他们当作人一样来对待。这不仅是一种万物同源思想，更是一种相互促进、和谐共生的生存智慧。有些人只看到这种拜"保爷"的神秘性以及苗族的民间宗教信仰文化，却很少或者不愿意将视线移位或聚焦到其所蕴含的生态观和生态伦理方面。其实这种生态观或生态伦理的存在，不会因为人们的不发掘或不理解而消失，它已经成为一种不需要太多外界推力的惯性，而这种惯性往往源于苗族的民间宗教信仰，即自然崇拜、图腾崇拜等。

在吴一文、张少华的《台江县交下村生态文化调查报告》中，记述了贵州省台江县交下村苗族人民对山水、树木等敬爱事例：村寨周边、寨中水库四周的常绿树，被苗族群众认为是护寨保水的神林，是神灵的栖息之所。一些较大的古树，人们还祭拜其为神树，每年二月二"祭桥节"，人们还带上鸡、蛋、肉、酒去烧香纸祭树，希望能够得到神树的保护。寨中有 30 ~ 40 户的小孩拜祭古树为"干爹"。村寨中的古树，没有谁敢去砍伐、破坏，即使是古树的枯枝、败叶也没有谁敢去捡拾，古树自然枯死或遭雷击，也无人敢去砍伐来用。① 可见，村中的古树不仅被赋予了新的生命，同时也得到了很好的保护。

在苗族的传统社会生活中，将自然之物拟人化，并视为生命之体，乃常有之事，说到底还是苗族的民间宗教信仰在推动。这种将自然之物

---

① 杨从明编著《苗族生态文化》，贵阳：贵州人民出版社，2009 年，第 106 ~ 107 页。

"人格化"的思想，不仅存在于苗族这一个人们共同体的生活世界里，在其他人们共同体的生活中也有所体现，只是表达方式或呈现路径不同而已。在我国境内，不少民族都有自己的民间宗教信仰，这些宗教信仰不仅反映了他们先民的早期社会生活，同时也蕴含着他们先民对自然的认知思维，以及与自然互动的方式。

被拟人化或人格化的自然之物，往往受到人的保护。这种思维逻辑与人的本性有关，因为保护"同类"是人的一种本性。因此，被人格化的自然之物可享有人一样的"待遇"，都应被"同类"尊重和保护。这种思想和行动在苗族传统社会中比较常见。拜自然之物为"保爷"就是将某些自然物拟人化或人格化，从而确保这些"保爷"的生命不受损害。众所周知，在人类社会早期，由于制度文化发展程度不高，人们的许多行为规范都是通过民间宗教信仰来实现的。这些民间宗教信仰具有某种特殊的功能，如威慑力、感召力以及控制力等。当民间宗教信仰不断注入人们的精神世界，并不断充斥整个意识形态时，民间宗教的功能则不断显现，其规范性和控制力也不断增强。那么人们也将民间宗教信仰中的一些图腾物拟人化或人格化，并认为这些图腾物具有某种特殊的功能或符号象征意义，且不断加以崇拜和关爱。在少数民族生存的天地系统中，天、地、人的协调共生有着较为独特的法则。在清水江木商文化带，树是当地赖以生存的资源，取材和造林会保持平衡，他们的文化习俗也与这种平衡有密切的联系。在部分侗族方言区，新生儿出生，父母会为孩子种上一棵树或一片树林，以此来为孩子寻求庇佑，名曰"十八杉"，在孩子成年后，只有需要独立门户建房子时方能砍下来。岜沙苗族婴儿出生时也会种上象征吉祥的"生命树"，以示人的生命与树一样长青、长存，一直到人去世时，这棵"生命树"才能砍下来，作为与之对应的人的棺材。①

---

① 石玉昌：《互联网经济下清水江流域生态脱贫的教育突围》，北京：中央民族大学出版社，2017年，224页。

总之，在苗族传统社会中，将某些自然之物或尚未被认知的自然力拟人化或人格化，乃常有之俗。这不仅体现了苗族的传统民间宗教信仰文化，也折射出万物生命平等的观念，以及人与自然相互促进、和谐共生的理念。这种和谐共生理念是在民间宗教信仰体系中催生。倘若以现有的价值体系或知识背景来审视的话，苗族民间宗教信仰中催生出来的和谐共生理念，有些人会认为"不科学"，因为它缺乏"科学"的论证，而"科学"又为何？实际上，笔者认为，"科学"应该被还原到人的全面发展上，而不是唯一尺度。"科学"本身就具有很大的弹力，它是一个不断追求完美的过程。

在不同的时空场域，"科学"的内涵和外延也会有所改变，人们常常根据社会进步的需求，不断给"科学"添加新意。事实上，"科学"是一个不断被重构的术语，人们以社会发展的需求和人的诉求来调整"科学"的内涵和外延。既然"科学"是一个不断被重构的术语，那么它的张力和包容性就应该很大，而不是绝对的、狭隘的。至于苗族民间宗教信仰催生出来的人与自然和谐共生理念，是否符合"科学"的标准，前面已经探讨过"科学"的一些演变情况，在这里不想赘述。苗族的传统生态观是否具有"科学性"，见仁见智，莫衷一是，但有一点是可以肯定的，那就是它对于维护苗族社区的生态平衡具有重要的作用。

苗族的传统生态消费文化是在其传统生态观的基础上形成的，苗族传统生态观的形成，从某种程度上来讲，源于其民间宗教信仰，即对自然的崇拜，以及将自然之物拟人化或人格化加以崇拜，这些被拟人化或人格化的自然之物，具有某种"神性"功能，它在平衡人与自然的关系方面起到极大的作用，从而规范了人们对自然的消费行为，使人与自然的关系处于一种和谐共生的良好状态。这种和谐共生理念的诞生源于苗族先民对自然律的尊重，他们把自然界中的万物视为一个有生命的整体，人与自然理应平等对待、相互关爱、和谐共生。

第五章

苗族传统生态消费文化的
共生逻辑与共生实践

苗族传统生态消费文化的产生和形成，均离不开共生逻辑及其先民长期推行的共生实践。在苗族的传统社会，一些规范虽然不像现代性法典及律令那么具有规范性和控制力，但在其民间宗教信仰体系中却蕴含着一种人与自然和谐共生的理念和智慧，尽管这些共生理念不像现代社会治理中的共生理念更具张力。然而，这些共生思想在苗族社会生活中却规范着人们的实践行为，尤其是他们对自然的态度和行动。在与自然互动的过程中，苗族人民本着人与自然和谐共生的理念，持着取舍有度的平衡思想，深明物极必反的生存智慧，懂得和睦相处的共生理念。

一

取舍有度的平衡思想

在苗族的传统社会生活中，由于社会生产力水平较低，为了能够持续生存，苗族人民不仅继承了中华民族节俭的传统美德，同时也践行了人与自然和谐共生的理念。在中华民族历史上，节俭向来被人们推崇。当时社会生产力不够发达，社会生活中可支配和可消费的产品有限，为了确保整个社会能够渐进有序发展，倡导节俭则成了一大法宝，后来节俭逐渐成为人们调整社会供求的一种独特路径。

在中国传统社会里，倡导节俭不仅是一种美德，也是一种和谐共生的理念。节俭之所以与共生理念有着密切联系，说到底，还是节俭本身所具有的持续生存功能。既然节俭具有持续性特点，自然而然就与共生理念有着密切的联系。

事实上，讲求共生，其最终目的还是使人类能够持续发展下去。因此，在这里节俭与共生理念有着某种间接的联系。当我们谈及节俭时，人们意念里往往闪烁着一些与财富有关的东西。实际上，节俭本身包含节制社会财富，即把社会财富的使用情况控制在一定限度之内。然而，除了控制社会财富以外，节俭与生态消费也有着密切的联系。在中国传统社会中，节俭则是一种确保人类社会整体渐进有序发展的共生理念。

在中国的早期社会，先民们将节俭的理念和行动推及整个自然界。他们不仅意识到人类社会财富的有限性，也认识到自然资源的稀缺性。因此，他们在消费自然资源的过程中，不仅考虑到自然界的承受能力，也考虑到代际的可持续性发展。在中国人的传统观念里，传宗接代很重要。这里的传宗接代不单指生孩子，更重要的是要确保子孙世代相传所需要的基本生存资料，这里的生存资料不局限于社会财富，更包括整个自然资源。

在苗族的传统社会中，传宗接代的思想也比较浓，在他们看来，确保人的发展，则是最好的社会期望。人丁兴旺与否，直接影响到社会劳动力以及人的持续发展问题。因此，一方面苗族不断努力劳动，创造社会财富；另一方面，不断节制自身的社会财富，确保后续发展的生存资源。在这个过程中，除了勤劳耕作、节制开支来确保社会财富相对稳定以外，他们对自然的消费也极为讲究，他们深知一些自然资源的稀缺性，一旦被人们过分消费，就会消亡。于是他们消费自然界中一些稀缺资源时，总会顾及代际消费，不仅追求自身的需求，还考虑和顾及下一代人的需求。这种共生思想在苗族的节俭观中不断得到体现，因而苗族的节俭观确保了苗族社区自然生态的和谐稳定发展。

取舍有度不仅体现一种包容之心，更是一种生存智慧。在苗族人民看来，万事都得讲求一个度，尽管这个度没有被量化，但它在苗族人民的心中，已经成为一种社会共识，不用法律条文框定和宣告，人们发自内心地遵从。取舍有度的思想，在中国历史上，几乎一直没有间断过，它已经是中国人的一种独特智慧。这种智慧不仅运用在社会生产实践领域，更被人们运用到人际关系上，这是一种更高的境界。诚然，在苗族传统社会中，取舍有度是一种生活消费行为，对于自己要获取的东西，必须持两种态度：一是要懂得什么该取，什么不该取，什么时候取；二是要怎么取，取多少，都得有个度。

在苗族的社会生活中，经常看到一些人们消费自然资源的典范案例，就他们对自然资源的索取（消费）而言，许多做法非常讲究。GPC 是贵州省黔东南一带的一个苗寨，当地苗族人民在打猎时，在取舍问题上颇为讲究。他们会选择一些特定的季节，并做相关的仪式。打猎活动往往在特定的时期，尤其是过年之后，即春夏之际。当地打猎常与猎物的活动影响农作物有关，当他们的庄稼被猎物破坏时他们才会进行更多的打猎活动，以确保庄稼生长。他们打猎时，常常把狗带在身边，狗除了具有敏感的嗅觉以外，吼叫声也非常大，所以狗经常与猎人为伴，一起"出征"。

当地人往往通过狗的嗅觉和引导来判断猎物的活动区域以及其所行走的路线，这样一来很快就能把猎物找到，减省许多时间。同时由于猎狗具有一定的凶猛性，加之吼叫声洪亮，当猎物听到猎狗的吼叫声后，往往会显现出紧张的状态，于是就会四处乱跑，这样一来，就很容易被人们发现，猎物被"拿下"也就轻松多了。当然，也有些猎物被猎狗的吼叫声给吓跑，再不会轻易去破坏当地人的庄稼，而被捕猎物，则成了猎人和猎狗的佳肴。在享受这种野味佳肴之前则需要做一些仪式，而有些仪式却让外人匪夷所思。当地猎人获取猎物后，首先念一些祷告词，有些祷告词为："你们（猎物）之所以被杀掉，这是天意，我们不是故意的，希望你们（猎物）能够理解，从今往后，你们（猎物）过你们的，我们过我们的，互不干扰……"从这些说词中可以看出，尽管这是一种民间宗教信仰督促下的仪式，却折射出一种朴素的和谐共生思想，即人类社会和自然世界都应该有自己的秩序，这种秩序不应该受到单方力量的强势介入，以及因此所带来的各种不利于人与自然和谐共生的活动的破坏。

在对自然资源的取舍问题上，在苗族社会生活中，取舍有度的范例屡见不鲜。如苗族人民在捕鱼时，不仅选择非产卵期，所采用的捕鱼工具和手段也极为讲究。尽管他们手中也有一些极具杀伤力的捕鱼工具，但他们不会轻易采用，否则会受到众人的谴责。所以当地苗族人民在开展捕鱼活动时，往往采用当地人制作的原始捕鱼工具。他们所采用的捕鱼工具几乎都是用竹片编织而成的鱼篓或竹笼。在捕鱼的过程中，一旦发现正处于产卵期的雌鱼，他们往往选择放生，倘若捕到幼小的鱼苗时，他们也会选择放生。由此可以看出，他们在捕鱼的过程中，并不是一味地获取而是有所限度，他们很清楚哪些鱼该捕，哪些鱼不该捕，这无需强制性的法律法规作为规范手段，这是一种潜意识的主动选择行为。这种取舍有度的捕鱼思想一直被当地苗族人民继承。现代性的介入不仅给原来相对传统的苗族社区增加了几许现代性气息，同时也给当地的自然生态环境带来了新的挑战。然而，如何确保当地的自然生态渐进有序地发展则成了当地苗族人的一大难题。

在苗族原生文化保存相对完好、现代性介入较少的苗族地区，他们在使用自然资源时，总是权衡自然生态的承受能力，很少有"任性"的消费行为。苗族人民在上山打猎或务农过程中，即使发现路边的树上"挂满"鸟蛋，也不会轻易去触碰，更不会去拿鸟蛋。因为在他们的观念里，鸟蛋和人一样都是生命，不应该去破坏它。同时他们把鸟比拟成人，来教育自己的孩子。他们常常和自己的孩子说："树上的鸟蛋就像你们一样，都是有生命的，倘若鸟蛋被拿走，不仅它们的生命受到威胁，而且它们的母亲也会心痛。就像你们一样，要是你们被别人带走，我们也会伤心。所以，在鸟孵蛋的时候，不但不去干扰它，更不应该去拿鸟蛋。鸟蛋一旦被拿走或被人们吃掉，那么今后鸟的数量就会减少。这样一来，想要获取更多的鸟就不容易了。"

在外界人看来，取鸟蛋看似不起眼的事，但在苗族地区，却被当地苗族人民看得很重，这也说明他们的社会生产力水平相对较低，对自然的依赖程度还是比较大。正因为如此，他们意识到自己能力的局限性，反而更加懂得与自然生态和谐共生的重要性，他们总是会给自己多留一条"后路",而这种思想催生了一种生态观,并因此形成一系列传统生态消费文化。他们的生态观,不一定是成文的规范制度,尽管只是口头相传,却影响着当地苗族一代又一代人,他们的许多实践行为都是在这样一种看不见、摸不着的潜意识下进行的。

同样,苗族人民砍伐树木是也是非常讲究的,尤其是砍伐古老的树木。在苗族地区,古树往往被保护起来,但在特殊情况下也会被砍。在砍一些古树时,苗族人民往往做一些仪式,按常理来说,仪式只能发生在人们的社会生活中,例如降生仪式、成人仪式、死亡仪式等一系列社会仪式活动,这些仪式的主体和对象几乎都是人,很少看到把自然之物视为仪式活动的对象,但在苗族地区把自然之物视为祭拜的对象较为常见,其中,苗族砍古树所举行的仪式就是一种范例。在苗族人的观念中,万物皆生命,理应被尊重和享有人一般的待遇。所以,当苗族人民在砍古树,尤其是"神树"或"护寨树"时,他们都会把"神树"或"护寨树"当作即将死去的亲人一样,要念一些祷告词,一方面希望"神树"或"护寨树"能够理解他们的行为;另一方面,希望"死去"的"神树"或"护寨树"能够在"九泉"之下保佑寨里的人幸福安康。他们把这些"神树"或"护寨树"拟人化或人格化,并按照相关的丧葬仪式来砍树。这种"待遇"在一些苗族地区屡见不鲜,已经成为一种人文风俗。从苗族的这种祭祀仪式来看,它虽带有一定的民间宗教信仰色彩,却体现了苗族人民尊重自然、关爱自然的生态观。

苗族人民在现实生活中,遵循自然规律,并按照自然规律开展社会生产生活,正如苗族《劳动歌》所唱:

> 正月就开工,芭茅来当秧。开工要早上,坡上庄稼长,织绣才顺当。
> 二月做这样,新桥要去架,旧桥要去祭,新熄要去喊,旧熄送回家。
> 三月做这样,苗不离耙,泡谷种繁忙……
> 四月捶国坎,国坎等雨,然后栽秧,移苗去栽插,一行对一行。
> 五月做这样,勤快去薅秧。勤薅苗才壮,根根才伸延,枝叶才快长。

六月割田坎，里外要割光。不让鼠来到，禾苗才繁茂。

七月去求雨，引水灌禾苗。苑苑生长好，株株全打范。

八月去粮，收谷来进仓。粮仓裳满满，年年有余粮。

九月就田，翻土去过冬。赶快催水牯，去赶谷隗会。

十月建房性，两头建厢房。有房才开亲，才好嫁姑娘。

冬月天气冷，千虫冬眠尽。百鸟都归林，到处一片静。

腊月来到了，商量来过年。年过春回转，春来天气暖。①

尽管现今社会已经发展到了一定高度，现代化和全球化成为众人口中最为流行的术语，它们代表着发展。生活在时下的许多苗族人民，他们即使采借现代科学技术的力量来发展，也仍然沿用自身的传统智慧，将传统与现代有机结合起来。在现代性介入以前，许多苗族社区相对封闭，他们的生活方式基本保存完好，依然依靠其先民遗留下来的传统生存智慧。这些传统智慧在现代社会中，仍可看到一些影子。例如苗族人民在砍伐树木的过程中，极具针对性，或者说其目标很明确，砍树的目的必须要有一定的建设意义，否则不会随意砍伐森林。尽管时下我国颁布了一系列森林法规，但在此之前，苗族人民就已经有了自己的森林习惯法，并以此作为自己的行为规范。他们砍伐树木的目的不外乎就是建造房屋、造船搭桥以及制作生活用品等，少有"伐木倒山"的现象。在砍树的过程中，往往选择树木密集的地方，采取"间伐"的方式。这样做，一方面，不仅实现了自身的取材诉求；另一方面，在树木密集的地方间伐，有利于规划树木的生长空间，并保证每一棵树有效地进行光合作用，从而确保整个森林有序繁茂。

在苗族地区，种树已经成为一种习性，每当开春不久，苗族人民总会到自己的田土边或山林中种树。这些树有些是经济作物，可以用来换取经济收入，有些则是普通的树种，经济效益虽不明显，但只要有空地

---

① 杨从明编著《苗族生态文化》，贵阳：贵州人民出版社，2009年，第98页。

或荒山，他们都会种上树。这不仅增加了他们的社会财富，也有效地保护水土，从而确保整个社区的自然生态平衡。诚然，这些树是人工种植的，当这些树木达到一定使用标准过后，被砍并转化成经济财富或做其他用途也是常有之事。然而，这些树被伐过后，原来的山地并不是一片荒芜之地，而是种满各种小树苗，一片青绿色。苗族就这样不断使用有限的土地来种树，即"借土养树"。在这一系列的反复种植过程中，不仅实现了人的本性目的，也维护了苗族社区的生态稳定，以及为苗族社区社会发展提供良好的自然生态环境。

在一些苗族地区，仍然有采集的遗风。这是早期人类社会的一种生计方式，在许多人们共同体的早期社会生活中都有所体现。这是社会生产力水平较低、社会供求关系严重失衡或异化的产物，即人类可创造的生活必需品极为有限，所以把向自然界索取作为一种生存依托。采集本身也是人类的一种生计方式，只是随着社会生产力的不断发展，其原有的功能不断被弱化或者被遗忘，而逐渐演变成现代人的一种"娱乐"方式，以满足对大自然的猎奇心。事实上，这种生计方式依然存在，只是它被现代性的生计方式给冲淡了而已，即其生计功能让渡于现代科学技术的力量，但这不等于其功能和作用完全被替代。其实在世界范围内，仍有不少人们共同体依然保存有采集的遗风，即使这种传统生计方式不能主导他们现有的生产生活，但成为他们生活中的一个部分，即一种副业。

在余永富、杨杰、唐秀俊、吴乔明的《雷山县乌东村生态文化调查报告》中，详细记述了贵州省雷山县乌东村苗族人民采集药材的规则：1. 苗族村民如果家人有伤病需要采挖草药时，须带上少许大米，到山中找到要采挖的药材，先在它周围撒上一小撮米，并念咒语，意为天下有一株好药，起来，起来，救人有恩，好药，以表示对山王菩萨、药王菩萨及草药的谢意和补偿，然后才动手采挖药材。2. 采药中，遵循先辈的医训，不能把某处的药材都挖光，应采大留小。若把某处的药材挖光了，则苗医下药不会灵验。对每一种药材，采一株或三株，不采双株，单数药材才能起到好疗效。3. 剥木本药材树皮入药时，按需要剥取，避免树木枯死。4. 采挖药材的第一忌讳是挖药时遇到药根部有虫子，利用根部有虫子的草药材，药效不佳，需把此株药材重新栽植培土，另外挖取其他植株；第二忌讳是挖药时把药根挖断，药根断了则意味药不能很好地除掉病根，所以采挖药材时要小心翼翼。① 这些采集规则不仅有效控制了采集规模，也确保了苗族地区的生物多样性。

在苗族地区，把采集视为一种副业比较常见，在他们看来，采集不仅有效地调整了自身的收支平衡，同时也是一种健康的实践活动。在苗族地区，采集的对象主要是植物，涉及药材、野果、竹笋以及野生菌等。他们在采集这些自然之物的过程中，也秉承着取舍有度的原则。例如在采药材的过程中，他们会结合自身的需要和药材数量来定夺，有些稀缺药材，他们甚至放弃采集，只有当人的生命受到威胁，迫不得已的时候，他们才会将其采下给人治病。他们在采集竹笋或野生菌时，也很有讲究，一般小的竹笋，或刚刚"露脸"的野生菌，他们不会采摘，而他们采摘完竹笋或野生菌后，往往将其根部的土铺好，确保其再生。他们这些采集行为并不是刻意的经济活动，哪怕带有一些经济目的，也是在确保这些自然之物能够持续再生的前提下进行的，并非纯粹的经济活动，或"任性"地消费自然资源。

取舍有度的思想在苗族人民的社会生活中，已经成为一种固化思维，尤其是在对待自然生态的态度上更为明显。在某种程度上，可以说，它是苗族人民消费自然资源的一条基本准则或消费规范。这种规范已经变成苗族人民的潜意识思维，他们的许多消费行为都在这一基本规范下进行。渐渐的，这种传统生态智慧已经传承了几代苗族人，至今许多苗族人的生态消费观念仍受这种消费规范或理念支配。虽说这是一种传统生态观，与时下的生态理念相比仍有一些距离，但是它们之间并不矛盾，而是一种相互促进，相互通融的共生关系，它们的出发点和落脚点都是

---

① 杨从明编著《苗族生态文化》，贵阳：贵州人民出版社，2009 年，第 157 页。

追求人与自然和谐共生，从而实现人类社会的有序渐进发展。

二
物极必反的生存智慧

在苗族传统社会中，物极必反的生存智慧与取舍有度的平衡思想是一脉相承的。倘若在消费自然资源的过程中过分的索取已经超过了自然的赋予能力，那么必然引发一系列的生态问题。这就是取舍不适度而引发的物极必反结果。在整个中华传统文化体系中，取舍有度和物极必反的平衡思想与生存智慧一直被人们推崇。人们不仅将这种思想和理念运用在对自然界的态度上，更是将这种思想推及人类社会中的人际关系，即为人处世之道。这种传统智慧在整个中华文明史上，之所以存在和延续至今，说到底还是因为其本身所具有的功能和意义。它无时无刻不在警醒人们，无论是对待自然生态，还是为人处世，都要秉持取舍有度的平衡思想，并深明物极必反的生存智慧。只有对这种共生思想有了充分的认识，才能更好地践行各种和谐共生活动。

苗族人民在与自然互动的过程中，深明世间万物物极必反的生存智慧，因此，他们在自己的社会生活中，时刻秉持取舍有度的平衡思想，试图避免物极必反的现象。诚然，这里的物极必反存在两重意思，即消极或积极。事实上，物极必反是一种量变引起质变，或事物内部结构被重构的结果。它是在特定的时空场域，并受一定内外力量的推动，才会表现出相关的征兆。物极必反往往离不开量的作用，一般而言，在没有受到外力的迫使，以及内部结构相对稳定的情况下，事物会保持原来的状态。一旦有外力强势介入，迫使事物内部结构重构，并超出了原来相对稳定的数量关系，那么物极必反的现象就会产生。

在苗族的传统社会中，就人对自然资源的消费而言，苗族人民则深知取舍有度的平衡思想，并努力避免物极必反的消极效果。在现今社会，苗族人民依然保留着这种传统智慧，并将这种传统智慧作为他们与自然互动的理性指导资源，从而规避了物极必反的消极效应。上文在探讨苗族取舍有度的生态平衡思想时，曾讲到苗族人民在伐树过程中所秉持的一些生态原则。在此仍有必要进一步拓展，从而帮助读者更好地理解和把握苗族传统生态消费文化中取舍有度的平衡思想，以及物极必反的生存智慧。在苗族人民的观念中普遍存在因果报应的逻辑，这种逻辑源于他们对生活的体验。从某种意义上来讲，因果报应逻辑对于苗族地区生态治理和生态平衡具有重要的作用和现实意义。

案例1：

1966年上级安排毛坪村100多人在整格倒（地名）一带砍伐100多立方米杉木。为使在伐过程中不出伤亡事故，进场砍伐时，特意买了一头猪、一只鸡、香、纸、酒等到山场祭拜山神。可煮饭时，一锅饭其他地方都热透了，唯独锅中间有一块从表面到锅底不熟。看到煮不熟饭，上年纪、懂事的人心里总有些害怕，但出于上级压力，大伙只好硬着头皮去采伐。于是大家约法三章，每天在吃午饭前，不准吹口哨、唱歌，不准说不吉利的话等。可差不多完成任务时的一天早上，大伙起来准备砍伐时，有一个叫杨昌福的年轻人（当时20岁），开玩笑地说了一句大家都十分禁忌的话，他说："今早大家要注意点，否则有个别人不得午饭吃（意思是出事后吃不上午饭。）"……砍树过程中，却有一枝拇指大的树枝插进杨昌福的脑部，杨昌福当场死亡。大伙都觉得这是杨昌福说了不吉利的话，激怒了山神，因而受到山神的惩罚。[1]

案例2：

1943年小丹江村的谢某去迪气（寨名）接亲回来，路过小丹江河的街斗密扛（地名）桥时，看见桥下有两条娃娃鱼正在交配，谢某把那两条鱼捕捉回家煮吃。谢某结婚一年后，生下一男一女两个

---

[1] 杨从明编著《苗族生态文化》，贵阳：贵州人民出版社，2009年，第175页。

小孩（现在还在世），他们的嘴脸长相如娃娃鱼一样，并且不会说话，笑的时候声音和娃娃鱼的叫声一样，现尚未成家。[①]

在现实生活中，苗族人在砍伐树木时有许多讲究，其中有一条原则，就是不能将整个山林变成光头，即使是自家栽种的山林，也不能将其伐光。哪怕自家急需木材建造房屋或制作生活用具，他们总是有选择性地"间伐"，甚至宁愿保留自家的青山树林，而选择向他人买或借用，但这些卖方或借方的山林必须富足自给，否则不会出售给他人，即首先要确保自己的山林能够持续平衡。简单来说，就是自己要有"过剩"的树林。为什么在市场经济发达的今天，仍有这样的思维存在？因为在苗族人民观念里，他们担心用完了就"真的没了"，于是他们在消费这些自然资源的时候，不仅取舍有度，更是懂得物极必反的生存智慧。他们深知倘若过分伐林，不仅使树林数量减少，更容易引发水土流失，导致山林裸露失去原来的养分，这样就会直接影响下一个轮回种植树木的质量。

苗族人民之所以不会轻易将自己山林伐光，不仅是为了给子孙留一点财产，更多的是想通过保护这些青山来实现几代人的需求。而要保护好这些山林，其关键点是要保护好这些山林的土质，即其养分。因而苗族人民在砍伐的过程中，不仅有许多砍伐规矩，而且他们会在山林的稀疏处把树木种上，这样不仅确保了山林的整体数量，也避免了山林水土流失所带来的损失。在他们眼里，保护好山林、田土、河流就是在保护自己的财产。这种财产观，在一定程度上有利于苗族地区的生态平衡。

苗族人民在种树时，也不是"见孔就插"而是合理地安排种植，树与树之间的间隔都很有讲究，他们不用现代度量工具布局，而是通过目测。这种目测方法在苗族地区已经盛行了很长时间，沿用至今。在传统社会里，尽管苗族人民生活艰辛和困苦，但他们不会急于求成，更多的

---

① 杨从明编著《苗族生态文化》，贵阳：贵州人民出版社，2009年，第229页。

是顺其自然。就种树一事而言，他们总是秉持着与生态和谐共生的思想。例如此前所说的种树距离及其数量问题。他们在种树过程中不仅控制种树的数量，同时还要划定好树与树之间的距离，这样做既能有效利用每一寸土地，使每一棵树能够有效地进行光合作用，又能有效地防止因种树数量过大而引发成片树林枯死的现象，以及确保整个山林养分供给平衡。从苗族人民种树的一些规则来看，他们不仅想向大自然获取更多，更希望自然生态能够持续稳定和发展，从而满足子孙后代的需求。

在权衡物极必反的生存智慧上，在苗族的社会生活中，几乎随处都可以看到一些范例，他们已经把这种传统生存之道贯穿于生活系统中，甚至形成一系列人与自然和谐共生的规范。苗族人民开发和利用土地也极为讲究。在苗族人眼里，土地就是命根子，这种思想不仅流行于苗族社会生活世界，在其他人们共同体的生活场域中也占有一席之地。在中国传统社会里，土地更为重要，可以说土地是整个社会的经济基础，几乎所有的社会财富都通过土地来实现，它是当时社会的主要经济来源，也是农民的命根子。同样，在苗族人民生活的区域内，土地依然是他们的主要经济来源，或者说是他们的"命根子"。因此，他们在使用土地的过程中，秉持着适度开垦利用的原则。诚然，在苗族的社会发展史上，对土地的利用也历经了粗放的开垦过程，如刀耕火种，这种生活方式存在的原因主要是当时社会生产力水平较低，人对自然的依赖程度主要表现为对自然资源的依赖。刀耕火种是一种原始型生计方式，它是早期人类社会一种基本的求生方式。这种生计方式也是人类从自然界中不断分化和外离的一种驱动力，或者可以说是人类有别于动物界其他生命体的特征。正是这种生计方式的长期实践，使人类不断调适和革新自身的生计方式，进而推进人类社会的发展进程。

刀耕火种本身是一种文化，它的出现和存在，必有其理由和功能，至少对于人类早期社会而言，它具有一定功能。当然，会有人费解，这是一种极为"落后"的生计方式。事实上，任何一种文化或文明都有其局限性，随着时空的变化，它们原有的相对优势功能也不断被弱化或被人遗弃，这种现象并不奇怪，或许时下的"先进"或"文明"，说不定在未来社会的某一段时间也被人们说成"落后"或"不科学"等。说了这么多，其实就想对文化的功能做一个简单的解析，以便客观地认识每一种文化的历史作用，以及该文化在不同时空所表现出来的时代特征。倘若站在现有的文化背景去审视刀耕火种这种生计方式的功能，诚然，它是"滞后"的，但如果把它复原到它产生的历史情境中去，那么人们对它的评价可能就不会这么"武断"或"偏执"。因此，在探讨和深究苗族的刀耕火种生计方式时，我们应该将其还原到一定的历史情境中去，这样才不容易产生认知上的偏差。

实际上，刀耕火种这种生计方式几乎贯穿于整个人类社会早期，或者说，几乎所有的人们共同体都经历着这样一种生活方式，唯一的不同或许就是它们所经历的时间不同而已，有些经历的时间较长，有些经历的时间相对较短。这样一来，文化多样性特点不断突显也就定然存在，因为在这个时间差上，许多文化可能在被异化或被同质化，而在被异质化或被同质化的过程中，许多文化因子已经被重构，且成为"新文化"。不断经历着重构的过程，使得文化因素不断被整合、分离、再整合，文化多样性特点或"异文化"的产生和形成也就屡见不鲜了。

苗族刀耕火种的生计方式，不仅反映苗族早期社会生活状态，也体现了苗族与自然互动的一种实践方式。刀耕火种是利用自然资源的优势，通过人为实践将其转换成人类生存资料来源的一种路径，即通过人力资源整合自然资源，从而满足人的基本生存诉求。苗族先民们在践行刀耕火种时，也存在许多讲究，他们对自然的消费行为，让许多人费解，而这种费解往往停留在"刀耕火种"这四个字的表面意义上，这种表面的解读意义就会固化在自己的脑中，以至于孤立地看待这种传统生计方式。这是一种视觉表象判断，容易带来误读或误判。不可否认，刀耕火种也有其局限性，但不能因为它的局限性而孤立地看待这种生计方式。在某种程度上，至少它缓解了人类特定历史时期的生存问题，使人类得以过渡到更高的文明社会阶段。

刀耕火种是一种人为改造自然的实践活动，是人类为了实现自我延续的一种历练过程，同时也是一种人与自然互动的实践路径。在苗族的传统社会中，刀耕火种并不是一种"任性式"的消费行为，而是不断转向与自然和谐共生的过渡方式。在与自然长期互动的过程中，苗族先民逐渐意识到自然资源的有限性和稀缺性，因而在与自然打交道时，不断调整自己的实践行为方式，不断试图建构更适宜人与自然和谐共生的实践路径。在现代社会中，我们看到的苗族刀耕火种的生计方式，已被重构为文化景观。当然，现代乡村旅游业也热衷于和习惯性地将这种独具特色的文化景观纳入他们建构民族村寨旅游的对象。刀耕火种或是一种副业，而在旅游者看来，这是一种实现猎奇心以及满足视欲的独特路径。

事实上，在我国南方地区，尤其是西南地区，刀耕火种是一种复合型的经济文化类型。在我国传统社会史上，这种文化景观较为盛行，而这种文化景观的分布地主要是西南地区的高原和山地。苗族作为我国西南少数民族之一，其生活的区域受到地势的影响，因而产生了刀耕火种这一生计方式。文化具有区域性特点，这与它所处的地理环境有关，苗族的刀耕火种文化，亦是如此。刀耕火种是苗族人民依托自然资源，并根据自身的需求来进行开发的实践行为。在现代人的视域里，这种生计方式是"不科学"的，是一种生态破坏行为。这种担忧不是不可以，但应该弱化这种担忧。

自然生态系统也需要适当的人为疏导，而苗族的刀耕火种方式只是一种微小的疏导力量，再说苗族的刀耕火种并非人们想象中将成片森林伐光，并烧成炭灰，从而实现大量种植。事实上，苗族先民早就意识到自身与自然的关系，即和谐共生。因此，在苗族地区，对自然的消费有相应的节制，并非人们想象中的任性实践。同样，"刀耕火种"在苗族地区也是有所节制，苗族人民往往根据自然的承载能力和恢复能力，以及自身的需求来进行生产。

苗族的"刀耕火种"离不开"刀""耕""火""种"这四个程序。

刀和火是生产工具，耕和种是生产实践。通过刀的砍伐功能来控制耕和种的面积，而火则是将草木转化成耕种的基础养料。实际上，刀耕火种是一个复杂的农业工程，它并非一次性的消费行为。在苗族地区，刀耕火种一旦完成，苗族人民就根据需要不断做出新的调适，这种调适并非永无止境地进行"开疆拓土"，即使他们要进行刀耕火种，也往往选择在原来的基础上即被刀耕火种过的土地。例如苗族人民由于生存发展需要，他们会开垦出一片新地，而这块新地一旦确立，就很少再度荒芜，因为苗族人民深知开拓一片新的土地会给自然带来很大的影响。

然而，刀耕火种过后的土地，也会成为荒芜的对象，但这种情况是少见的，即使存在，它也会成为新的刀耕火种的对象，这样一来就会减少自然生态的压力。苗族人民往往在土地上不断精耕细作，希望在有限的生产单元内生产更多的生活必需品，很少开拓新的土地，除非人口增加或有自然灾害的影响等。因为苗族人民知道，每开垦一片土地，就会有许多植物被破坏，从而引发一系列问题，所以他们对自然的消费是极为慎重的。

土地是苗族重要的生存资料来源，因而苗族人民在利用土地资源时，非常注重自身诉求与自然承受能力的关系，具体来说就是人与地的关系。开荒拓土在某种程度上可以增加社会生活资料，但苗族人民并不会一味地为了实现自身的诉求而毫无节制地进行开垦，因为他们意识到"物极必反"的消极后果。森林一旦被过分开垦成为土地，就会引发自然生态失衡，从而加剧人与自然的矛盾。同时，土地的频繁使用，会使其养分减少，为了保持土地养分，苗族人民在种植的过程中往往采取休耕的方式。另外，苗族人民还根据不同的种植品种对土质养分的要求，做相应的调整，例如黄豆易种植在沙粒较多的黑土地上，杉树则适合种植在黄土地上等，这些种植智慧早于现代科学的认知，是一种形成于民间的传统智慧。它对于苗族人民利用自然和平衡自然生态具有重要的作用，维护了苗族社区社会与自然生态有序健康发展。

三

和睦相处的共生理念

和睦相处的理念不仅发生在人类社会，在处理人与自然的关系上，其作用和意义同样重要。共生是一种生存智慧，无论是人类社会还是自然界，亦是如此。和睦是共生的基础，没有良好的和睦氛围，就无法建构和实现共生关系。这种和谐共生理念是人类长期与自然互动所催生出来的传统智慧。诚然，和谐共生的内涵和外延也将随着时代的变迁而被重构或定义，被重构的定义常常被打上时代的烙印或时代特点。总之，和谐共生理念是一种处理人与人、国家与国家，以及人与自然之关系的有益路径。

苗族人民在处理自身与自然的关系时，往往秉持着和谐共生的理念。正因此，苗族人民在向大自然索取的过程中，总是本着取舍有度的平衡思想，从而规避物极必反的消极影响。他们不仅在自身社区推行人与人之间的和睦相处，同时把这种思想推及人与自然的关系上，使其社区得到长足的稳定和发展。当前，在苗族人民聚居区内，和睦相处的共生理念依然盛行，甚至这种理念已成为一种社会行为规范，并深深影响着苗族人民的社会生活。和睦相处的共生理念是苗族先民在其社会发展过程中长期实践的创造性结果。当然，这种传统智慧也随着时代的发展而被注入新意，更能与时代接轨，并被世人熟知和接受。

苗族的和谐共生理念既具有传统性，也不乏时代新意。仅就苗族与自然生态之间的和谐共生关系而言，苗族的和谐共生理念也独具特点，这与其文化生境有着密切的关系。从某种程度上来说，独特的文化生境是其共生理念产生的一大动因。苗族文化生境与其迁徙史有关，苗族文化的特点也与其迁徙历程密不可分，换而言之，苗族文化的多样性特点是由其特定历史造就的。但凡对苗族历史有所了解的人都知道，苗族是一个跨国而居的世界性民族。从当前研究成果及学者们所形成的共识来看，苗族的始祖可以追溯至与炎黄齐并的蚩尤，而史学资料记载，蚩尤及其部落主要生活于黄河中下游一带，其势力极为强大，可谓雄霸东方，曾经与黄帝交战多次，黄帝都很难取胜。在黄帝兼并炎帝部落之后，为了统一天下，不断征战蚩尤。开战之初，黄帝并没有占据多大的优势，他们之间的较量几乎保持平衡，后来黄帝势力不断壮大，最后在涿鹿击败了蚩尤。从此，蚩尤部落有一部分融入华夏族，有一部分南迁至长江中下游一带，并建立三苗国，并与当时的尧、舜、禹形成抗衡之势。

经历过三帝之战，三苗国兵败，一部分融入华夏族，余下的部落则散落于我国西南地区，被人们称为荆蛮、南蛮、蛮夷等。从华北平原地带南迁至长江中下游平原，再迁至西南高原和山地，由于所经历的区域地理环境不一样，苗族人民不断调适自己的生活方式，以求得生存。于是文化多样性的存在也就不言而喻了。可以说，地理区位的不同造就了苗族文化的多样性，多变的生活区位迫使苗族人民不断面临生存路径的抉择，这种抉择不仅是求生，更多的是怎样才能更好地，有效地利用自然资源，即对自然的消费方式。苗族人民深知自然资源的有限性，在他们消费自然资源的过程中，"留一手"成了一种持续性的生存智慧，这种思想逐渐引发了苗族人民对自然生态和谐共生理念的思考，使他们不断调适自身的实践行为。

任何一种科学的思想和理念都不是一蹴而就的，而是不断被历史筛选的，有些甚至被历史遗忘很长时间。诚然，有些在特定历史情境中被看作"科学"的思想或理念，如果将其放置到某一个时空则会被人们认定为"滞后"或"愚昧"的思想。其实这是人性使然，随着时空的变迁，许多思想或理念的功能或意义也会有所不同。同样，苗族的传统生态消费思想或生态智慧在特定历史情境中，其功能或意义表达也会不同，不同时空的人群对其功能或意义的界定也会有所差异。然而，在现代化和全球化强势布控的今天，探讨和研究苗族的传统生态消费文化，其意义何在？事实上，传统与现代并非全然对立，它们之间有着不可割裂的关系，即使是我们所谓的创新，无不在传统的基础上得以重构，只是其建构出来的产物形态与传统有所相异，为了更好地区别和分辨，人们习惯性地将其称之为"创新"。诚然，这里存在一个相对性的问题，关键是以什么样的物或项作为参照系。可以说创新也是相对性的，或许这样判言难免有点价值中立的味道。

苗族传统生态消费文化是一种和谐共生的典范，是苗族人民权衡自身与自然之关系的重要砝码。这种传统智慧不仅对过去苗族社会生活具有指导规范的作用，在现代化背景下来挖掘和深究其合理成分，并将其作为一种治理资源，其意义及价值也不小，至少对苗族社区建设具有一定的指导作用。因为任何一种新思想或新理念都不可能在短时间内完全被人们接受，所以这个过程离不开传统智慧的调适。再说传统文化与新时代并非"格格不入"，即使发生类似的现象，也只能说是因为人们不愿意去探究它在新时代的意义和价值。苗族的传统生态消费思想或消费理念之所以延续至今，必有其功能和意义。在新时代深究其合理成分，并与现代理念整合成社会治理资源，意义非凡。

事实上，苗族是一个懂得与自然和睦相处的人们共同体，在苗族的许多习惯法中，明确规定了人的生态行为。例如苗族议榔制就森林管理和田间管理等内容做出了明确规定："议田园为养民所需，山林为栖身依赖。如偷盗五谷杂粮菜果及竹柴草者，除退还外，共议重罚，并饬出伊结，永保所偷之地。""议榔不准开人家的水田，议榔不准开人家的牲口圈，议榔不准偷鱼，议榔不准砍树子。个个做活路，人人打柴烧，地方才平静，寨子才平安。""偷人家杉树、罚银三两三。""偷人家松树，罚银一两三。""荒山、森林、河流地段，公共的田地、房屋和娱乐场所等，属村社所有；坟山、祭把田、鼓社窟、场、庙，某些荒山、森林等，属宗族即鼓社所有；家庭拥有的房屋、田地、财产、牲畜、生产工具等，属私人所有。"[①] 又如贵州省台江县交下村的村规明确规定偷柴火的罚米4斤、酒4筒、鸡一只。被罚猪、羊、牛肉者，须自家宰杀煮熟，做成"串串肉"，并敲锣游寨诉说自己的过错，分发每户一串肉，以此教育当事人和告诫村民。1981年，

---

① 杨从明编著《苗族生态文化》，贵阳：贵州人民出版社，2009年，第94页。

交片村制定村规民约，并书写在木牌上立于路口，民约一至五条规定：凡禽畜进田土损坏庄稼，要由畜主赔偿，捉到的每头（只）另罚款五角至五元，拒不检讨还骂人的加倍罚款。偷砍林木，被抓罚"三个百五"，即罚150元钱、150斤肉、150斤酒用于请全寨人吃饭。发生火警的，除罚款、检讨外，还要鸣锣镲以教育大家。所罚款项一律给检举人和抓获人。① 从这些规定中可以看出，苗族对生态行为进行较为严格的管控。

苗族与自然互动时，不是以"消灭"或"征服"自然为目的。从苗族的民间宗教信仰文化体系中可以看到苗族人民对自然的崇拜和热爱，他们甚至将自己的祖先比拟为自然之物。苗族将自然之物视为自己的祖先，除了体现出他们对自然具有敬畏感以外，也体现出他们珍爱自然，更表达出一种和谐共生的思想。

苗族人民践行与自然和谐共生的范例极多，从物质世界推及精神世界，无所不在，只是这种传统智慧盛行的区域有限，加上现代性的强势崛起，使人变得"懒惰"。因此，在许多人看来，与其花时间去挖掘传统智慧，不如留足精神去创新，那么传统被遗忘也就成了一种态势。一种文化的兴起或昌盛，自然离不开其本身所具有的意义和功能，但更离不开人的推动，一旦一种文化不被世人关注，或被世人遗忘，且不谈其是否具有意义和功能，就其原有的生命力而言，就会被弱化。苗族对自然的热爱不仅表现在其精神世界，即民间宗教信仰上，更多是体现在其物质世界里，主要是指苗族人民在社会生产生活中对待自然的态度，以及践行和谐共生的实践行为。苗族人民把这种共生理念灌输于不同世代人群使之传承下去，进而确保苗族社会稳定，以及有利于自身与自然和谐共生。总的来说，苗族人民在消费自然资源的过程中，始终秉持取舍有度的平衡思想，并不断克制物极必反的消极影响，从而确保人与自然和谐共生。这种传统生态消费逻辑不断影响着苗族人民的消费实践，并逐渐形成一套独具民族特点的传统生态消费文化景观。

---

① 杨从明编著《苗族生态文化》，贵阳：贵州人民出版社，2009年，第95页。

第六章

苗族传统生态消费
文化的共生规范

苗族先民在与自然长期互动的过程中，形成了具有自身特点的生态消费文化，它是苗族人民与自然互动的行动规范和约束力。苗族生态消费文化的形成和发展，均离不开苗族自然崇拜的内化思想、族群内部的伦理道德规范以及族群智慧生成的习惯法，这三者构成了苗族生态消费文化的定力支撑以及苗族与自然和谐共生的规范性制度，即共生规范。

一

族群自然崇拜的内化思想

在苗族的信仰体系中，自然崇拜是重要内容之一。但凡对苗族社会历史文化有所了解的人都知道，当前苗族社区社会仍遗留许多与自然崇拜有关的民间宗教信仰。苗族是一个与自然和谐共生的民族，这主要表现在苗族的民间宗教信仰体系中，尽管这些民间宗教信仰仍有许多让世人无法解读的地方，且不说其科学与否，单凭其对苗族社区社会的稳定和发展而言，就具有不可替代的作用。

在人类早期社会，由于认知能力有限，加上人的主观能动性较弱，在与自然互动过程中，难免发生认知方向的偏离。一方面迫使人类长期依赖自然，并形成一系列的自然崇拜观点和行为；另一方面给人类带来极大的挑战，在某种程度上影响人类社会的发展进程。人与自然的关系随着人认知能力的变化而不断发生改变，这在人类社会发展史中可以找到相应的例证。例如人类从崇拜自然到征服自然，再到人与自然和谐共生，是人类认知能力提高和转变所致。

同样，苗族人民与自然的关系也伴随着苗族人民认知能力的提高而不断发生改变。这种改变具有双重性质，即积极的和消极的，两者相互交织、相互叠加，是一种不断调适的动态过程。在苗族的传统社区社会中，不难看到自然崇拜的行为实践，它主要表现在苗族的日常生活中，而非停留在抽象化的意识观念当中。苗族人民在向自然索取时，总有相应的仪式实践，这些仪式本身是一种象征，但这些象征却有常人难以想象的指导性意义和规范性效果，尤其是对苗族年轻一代的教育和行为规范来说。

在苗族人看来，人是自然的一个组成部分，是自然进化的结果，这在苗族的哲学思想中就有体现，在此不必赘述。在苗族的古歌古词中就有关于人类源起的相关记述，虽说这些传说故事不一定具有多大的说服力，但自有它存在的理由。苗族的古歌古词是一种意识形态，它长期停留在苗族人民的大脑中，在某种程度上，可以说它是一种物项在人们脑中的效果和反映。且不说苗族古歌古词中记述的传说故事是否具有真实性，就其社会意义而言，其具有一定的积极作用。因为许多苗族古歌古词中，其记述的大部分内容都是积极的，具有一定的社会指导意义，至少在苗族社区社会中发挥积极的作用，尤其是规范了人与自然的关系以及人的实践行为。

长期以来，苗族人民通过与自然的互动，形成了独具特点的生态消费文化，这种文化在很大程度上源于苗族人民对自然的崇拜，并产生了相应的崇拜仪式实践。在苗族古歌古词中，曾记载苗族的祖先源于自然界中的枫树、蝴蝶妈妈等。虽然这些记载只是观念中的产物，但它反映了苗族人民与自然共为一个整体的思想。在苗族的原始信仰体系中，存在各种崇拜对象，如自然崇拜、图腾崇拜、祖先崇拜等。其中自然崇拜是最为原始的，而图腾崇拜则是苗族人民将自然界中的某些动物、植物视为自身的图腾。苗族先民认为自然界中的某些动物或植物与自己存在某种血缘关系，并把自身和自然中的动物、植物视为彼此的一个组成部分。

苗族人民将自然界中的某些动物、植物视为与自身有着某种间接关系的崇拜群体。事实上，枫树崇拜、蝴蝶崇拜亦可被视为苗族的图腾崇拜，它们也是自然崇拜的一种表现形式。苗族在追溯自己的生命始祖时，往往把枫树和蝴蝶妈妈作为首选，因为枫树和蝴蝶妈妈作为苗族的生命始祖已经内化于族群的意识当中。故而苗族人对枫树和蝴蝶有着特殊感情，例如苗族聚居的村落中少不了枫树的存在，他们通常把枫树视为"神树"和村落的护寨树。"古时候有一个名字叫'相先娄，把告养'的绝嗣鬼师，某天在大枫树的树洞中发现留相、榜相两姊妹，二人共生了十六个蛋。这些蛋有六个孵成人，其中'昂'和'拉'成为苗族的祖先，因此部分苗族崇拜枫树。"① 在苗族的图腾崇拜中，枫树已经被苗族人民进行了人格化，并有了象征意义。

蝴蝶妈妈也是被人格化了的图腾物，它在苗族人的意识观念中具有重要的地位。因为在苗族的古歌古词中，有的将苗族的生命始祖与蝴蝶联系起来，视蝴蝶为苗族的生命始祖加以崇拜。在众多苗族古歌古词中，曾有一些古歌记述了枫树、蝴蝶与人类生命的关系，如燕宝版《苗族古歌》中的《妹榜妹留》，其大概内容是"枫树被砍倒后，树根变成了布谷鸟和黄鹂，树梢变成了鹊宇鸟，树叶变成了燕子，树疤变成了蝉儿，木片成了虻子，树桩变成了铜鼓，树心变成了蝴蝶妈妈，即妹榜妹留。蛀虫蛀开树皮，妹榜妹留头发乱糟糟地出世了，用兜勒油擦头后，头发才光滑。她叫神仙为娘，神仙在天池煮鱼给她吃。妹榜妹留十二岁开始谈情说爱，她在河边游水滩与水池恋爱，而且很忠贞，鱼鼠来与她谈，她不为所动。妹榜妹留谈了十二夜，后来生了十二个蛋。生蛋后，妹榜妹留自己不会孵，于是鹊宇鸟来给她孵，孵了三年多，终于孵出了雷公、水龙、蛇、虎、羊、大象、野猪以及人类始祖姜央。"②

由张讲博、务娥、龙正海、龙兴务、顾固理、杨固保、田保汪等演唱，唐春芳、桂舟人等搜集，燕宝整理的《苗族古歌》中的《砍枫香树》这样唱道：

---

① 李廷贵、张山、周光大主编《苗族历史与文化》，北京：中央民族大学出版社，1996年，第176页。

② 吴晓东：《苗族图腾与神话》，北京：社会科学文献出版社，2002年，第208～209页。

砍枫香树枫树在村边，村边有口塘，塘是哪个挖？叫作什么塘？塘是香两挖，叫作香两塘。香两老婆婆，挖塘做哪样？挖塘放鱼秧，养鱼过端阳。来看香两婆，养鱼过端阳，前天放七百，昨天剩一百；昨天放七十，今天剩十双；今早放九对，今晚剩九尾。香两老婆婆，养鱼过端阳，天天出门窜，拾粪喂鱼秧，等她回来看，鱼都被偷光。谁踩香两塘？谁偷香两鱼？香两生气了，开口骂村庄："到底是哪个，这样没天良，踩坏我塘坎，偷吃我鱼秧？"

一个啥青年，一个啥姑娘，日夜相陪伴，树下来游方？天上一神男，桑耿雅立璧。① 天上一仙女，妲配榜香由。② 一对好情侣，游方在树下。香两心猜疑，偷鱼是他俩。香两老婆婆，起初骂村庄，现在骂青年，现在骂姑娘："妲配榜香由，桑耿雅立璧，你这两个人，日夜不分离，两双黄铜鞋，踩坏我鱼塘，谈情你们谈，为何偷鱼秧？"凭空遭栽污，平白遭冤枉，他俩气不过，开口问香两："你没亲眼见，为啥要乱讲？"香两老婆婆，实在气不过，男的踢三脚，……姑娘榜香由，仙郎雅立璧，平白遭冤枉，实在气不过："我们在游方，一心想成双，没进你的塘，没摸你鱼秧。"……两个大理老，肩上扛理片，胯下骑公马，来到枫树下，一到就杀猪，一到就吃肉，吃饱嘴一抹，才把理来说。

两个大理老，起心太坏了，喝就喝个足，吃就吃个饱，嘴巴张不开，舌头僵硬了。讲了五天理，说了五天道，清浊不分流，事情不分晓。香两老婆婆，又去请理老。塘头请哪个？塘尾请哪个？塘头金宝麻，③ 塘尾汪娄拉④。他们两个人，名声真是大。河头吐口水，河尾死鱼虾。路过山脚下，老虎都害怕。两个大理老，肩上扛

---

① 桑耿：苗语音译，是成年而未婚男子的泛称；雅立璧，是神男的名字。
② 妲配：苗语音译，是未婚少女（包括女孩）的泛称，这里说的是榜香由的女儿。
③ 金宝麻（也叫金送杠）：苗族诗歌中常提到的理老，可能是苗族说理解纠纷的始祖，或者是神，是理老的化身。
④ 汪娄拉：苗族诗歌中常提到的理老，可能是苗族说理解纠纷的始祖，或者是神，是理老的化身。

理片，胯下骑公虎，来到枫树下，一到就杀猪，一到就吃肉，吃饱嘴一抹，开口把理说。理片挞呔呔，理桌拍嘟嘟，说了九天理，讲了九天迦，① 讲来又说去，枫树偷鱼秧。枫树遭冤枉，枫树不服气："你们做理老，黑白分不明，是非分不清，张嘴就乱讲，闭眼就瞎说！"理片挞呔呔，理桌拍嘟嘟，两个大理老，大骂枫木树："前天放七百，昨天剩一百，昨天放七十，今天剩十双。树颠粘鱼鳞，树下丢鱼骨，不是你偷鱼，鱼到哪里去？"枫树心不服，又把道理说："吃鱼我没嘴，走路我没脚。鹭鸶与白鹤，双双朝北飞，飞高不飞低，沿河飞过来，安家在树枝，孵了一窝崽，崽崽无食物，瘦得像螳螂，鹭鸶和白鹤，塘里偷鱼秧，我站塘坎上，与我何相干？"

枫树说鹭鸶，枫树讲白鹤，鹭鸶与白鹤，急飞四处躲，一天飞九村，一夜飞九坡，看也看不见，找也找不着。香两老婆婆，口里溅白沫："怪你这枫树，怪你这枫木，枝枝生得多，叶叶长得密，鹭鸶才来住，白鹤才来宿。"两个大理老，拍手哈哈笑："别人开客栈，宿客得钱财；你家开客栈，藏贼得祸害！"……枫树砍倒了，倒了又怎样？枫树砍倒了，变作千百样。树根变什么？树根变泥鳅，住在泥水里，总是不露头。树桩变什么？树桩变铜鼓，有了喜庆事，大家拿来敲，唱歌又跳舞，有说也有笑。树干生疙瘩，疙瘩变什么？树干生疙瘩，变成猫头鹰，深夜对明月，咕噜咕噜叫。树叶变什么？树叶变燕子，春天来回飞，翩翩空中舞。树梢变什么？树梢变鹈宇，② 一身绣花衣，俊俏又美丽。还有枫树干，还有枫树心，树干生妹榜，树心生妹留，这个妹榜留，③ 古时老妈妈。④

由燕宝整理的《砍枫香树》中记述了枫香树的演化过程，即"枫香树倒了，百种东西从枫香树生出来，千种东西从枫香树生出来。我们看

① 迦：莆语音译，趣也县理。

② 鹈宇：苗语音译，就是鹤鸽鸟。

③ 妹榜、妹留：苗语音译，妹即母亲，榜留即蝴蝶，妹榜妹留，即蝴蝶妈妈的意思。

④ 潘定智、杨培德、张寒梅编《苗族古歌》，贵阳：贵州人民出版社，1997 年，第 81~88 页。

枫香树生什么东西？树根变成鼓，树干生妹留，① 树尖变成金鸡，树心变成博桑②博啥③。树皮变成蜻蜓，木片变成蜜蜂，树包包变成猫头鹰，大树根变成龙，小树根变成鱼鳅。"由此可见，枫树和蝴蝶在苗族的观念中具有重要的地位。苗族人把枫树、蝴蝶和人类生命联系起来。虽缺乏严格意义上的现代科学依据，但从生物进化论视角来审视的话，人本身属于自然界的一个重要组成部分，自然与枫树和蝴蝶同构一个整体，或多或少存在着各种间接的联系。

在人类早期社会史中，由于人类认知能力受限，常常把自然界中的万物视为有灵性的事物，故而萌发了"万物有灵"的思想。关于"万物有灵"思想，英国著名文化人类学家泰勒认为，原始人普遍认为世界是一群有生命的存在物，无论是对人友好的，还是对人不友好的，它们似乎都有人格，有生命或有灵魂的。"在一个人、一朵花、一块石头和一颗星之间，在涉及他们有生命本体的范围内是不加区分的。假如有一个人从一块石头上滑下来，使他摔了一跤，这石头就是恶意的，或者他去钓鱼，一撒网就是大丰收，这必须归之于某一自然神的恩赐，他便认定最明显的东西——也许是那个湖泊——加以崇拜。"④ 学者陆群认为"万物有灵"的基本内涵包括"把一切自然物想象成有感觉、有意志、有思维的生命体；把一切自然物想象成能和人一样进行有意识有情感的活动；把一切自然物与人之间的关系想象成可以凭借人的思维去相互沟通的系统……即人从自身的情感、意志出发，可以完全理解这些自然物，也就是说，赋予自然物以人的个性、人的感情、人的思维。"⑤

---

① 妹留：蝴蝶。

② 博桑：传说是一个聪明的人。

③ 博啥：传说是一个聪明的人。

④ 〔美〕加德纳·墨菲、约瑟夫·柯瓦奇：《近代心理学历史导引》，林方、王景和译，北京：商务印书馆，1980 年，第 199 页。

⑤ 陆群：《民间思想的村落：苗族巫文化的宗教透视》，贵阳：贵州民族出版社，2000 年，第 24～25 页。

事实上，苗族的民间宗教信仰与"万物有灵"思想有着密切的联系。从苗族古歌古词中发现，苗族先民认为人类始祖是从枫树、蝴蝶演化而来的，他们把枫树和蝴蝶视为与自己存在某种血缘关系的图腾。因此，苗族对枫树和蝴蝶有着特殊的感情，在日常社会生活中，苗族人民还将这种崇拜自然、敬畏自然的观念付诸实践行动。这些实践行为往往与苗族的各种社会仪式有关，尤其是传统祭祀仪式。

仪式是一种具有指导性意义和规范性效果的实践行为活动。苗族的生态智慧和生态伦理就是在各种传统祭祀仪式中产生和强化的。在苗族的早期社会，由于缺乏系统性的文字，各种文化事项往往通过口传心授来完成。因此，苗族的许多传统文化被记载在苗族的古歌古词中。同样，通过长期的代际传递，以及生态伦理思想的不断强化和作用，人与自然和谐共生理念长期存在于苗族的社会生活中。从某种程度上来讲，这与苗族的自然崇拜思想有着密切的联系。

二

族群智慧生成的习惯法

在苗族的传统社会中，有一套社会行为规范，这种非成文法贯穿着苗族的社区社会生活，它是苗族民众的行为逻辑和行动指南，并对苗族群体的实践行为产生巨大的影响。苗族的习惯法内容丰富，涉及的领域较多，影响着整个苗族社会生活的方方面面。例如苗族对树崇拜的规范，周相卿《台江县五个苗族自然寨习惯法调查与研究》[①] 一书中，曾介绍了贵州省台江县两个苗族村寨的树崇拜规范。

---

① 周相卿：《台江县五个苗族自然寨习惯法调查与研究》，贵阳：贵州人民出版社，2009 年，第 107～108 页。

表6-1 贵州省台江县某村树崇拜规范

村名	内容
贵州省台江县记刀寨	在记刀寨的周围有几棵特别大的树，被称为守寨树，受到人们祭拜。在平时，这些树下是人们休息、娱乐、游方的地方。但在一些宗教仪式上，这里就是一个神圣的地方。不管寨子里搞什么宗教活动，这些古树必须得到祭拜。在记刀寨人眼里，这些树是神树。1990年火灾中，寨子里大部分屋子被火烧，距离寨子大约100米的河边的几棵守寨树也被烧了，树根足足冒了几天的烟。记刀寨年老的人就说，那是树里的神灵去救火时被烧伤的。虽然这是一种无法证明的缺乏理性的说法，但这恰好证明了记刀寨的人们对古树的崇拜。如果谁家的孩子病多、消瘦、爱哭，就会给这孩子改名叫"栋"，意思是树，希望他能像树一样粗壮成长。也有人去祭拜某棵树，认树为孩子的父亲，希望树能保佑孩子平安。在认树为父期间，每年的农历二月初二，也就是"敬桥节"这一天，要像祭拜桥凳那样去祭拜树，当祭满三年以后，再拿一只鸭去解除孩子与树的父子关系
贵州省台江县反排寨	村中被人敬的神树有五六棵，都是有主人家的，哪棵树由哪家敬都是很清楚的。有的是以家族为单位敬，有的是以某一家为单位敬，但主要目的是保佑小孩。一棵树如果有人敬，任何人就不能再砍这棵树。人们认为如果乱砍神树，就会遭到报应。老人们传说，以前有两个小孩不听大人的话，砍他人敬的神树，快要病死，请鬼师念鬼消灾后才好。村中还有一个小女孩本来长得很漂亮，由于其父亲砍神树，这个小女孩的嘴变歪了，也变丑了

资料来源：周相卿著《台江县五个苗族自然寨习惯法调查与研究》，贵阳：贵州人民出版社，2009。

苗族人民在长期的社会实践中，尤其是在与自然的互动过程中，形成了一系列的生态文化。在苗族的社会生活中，苗族与自然界中的动植物有着特殊的感情，他们认为自然界中的动植物存在着某种"灵性"，并加以崇拜。苗族人民在崇拜自然和利用自然的过程中，形成了一套民族生态消费文化，其中苗族的传统森林文化就是其中的一种。苗族人对森林资源有着自身的取舍智慧，在贵州省台江县的交片村中，苗族民众在经营山林时，始终秉承着持续性的经营思想，确保自然生态的有机平衡。这种与自然生态的和谐共生主要体现在栽杉用杉习俗、山林经营思想上，同时交片村的苗族还设立了议榔管理制度，以及传统古朴的埋岩制度。[①]

表 6 - 2　苗族传统栽杉用杉、山林经营思想举例

栽杉用杉习俗	山林经营思想	议榔管理制度	埋岩制度
交片人自古就有栽杉种杉、保护森林的优良传统。每年的 11 月、12 月，全寨人不管老少均要上山炼山、砍草、整地，小的 5 岁、6 岁，老的八十几岁，都参与植树造林。他们使用杉木极其讲究，且有丰富的经验，很少浪费。每砍一棵杉木，他们都要仔细考虑它的用途，杉树砍伐下来基本做到全部利用，一点都不浪费。主干用来做柱子或锯成大料方，杉树皮用于盖屋顶等，锯板方剩下的皮板，用来围猪圈、牛圈，树丫则用于烧饭、刨木花、锯木面用来烧火或烘烤腊肉等。整株杉木基本上做到了各尽其用。砍树一般在农历三月左右。用来修房子的杉树只需一根主干，分丫多的或已死树木都不要，当地人	交片村每家都有自己的小片柴山，自行砍伐，互不侵犯。砍柴是妇女们家庭生活的主要工作，每年 6 - 7 月，村中的妇女均结伴进山打柴，多则每天 3 捆，少则每天 1 捆，她们要争取打谷前将家里农忙季节和冬春所需柴禾准备好，以备下雨、下雪无柴时烧。在她们看来，哪家的柴禾堆得越多，表示谁家主人越勤劳，反之则是懒惰的表现。自从 1985 年村寨实行承包责任制、两山到户以后，村民担心以后树木不够用，薪柴不够烧，砍树要选择矮小的、弯曲和长势不好的树，留下好的或者能够长高的树。通常妇女砍伐柴禾多是有选择地间伐一些青冈栎、麻栎或其他杂木，有时也选杉木或松木的小枝丫。而男	议榔，苗语称 Gneud Hlangd（音"构榔"）。构是议定的意思，榔是公约或社会契约，汉译为议榔。议榔是不同宗的家族组织成员的地域性村寨组织，它是苗族鼓社组织的演变和延续。交片村至今还流传有《议榔古歌》：嘎壳拉罗来宣告/嘎对拉鲁来规定/向青天宣告/向云端规定/逢寅出寅的太阳/逢酉出西的月亮/天下才丰盛/寨子才富有。交片村的议榔设有正副榔头，苗语称"该歪"，每村的寨老为副榔头。榔头要办事公正、能言善辩、有说服力，三十岁以上的长者或寨老才能担任，要熟悉各种榔规榔约，由选举产生。议榔的最高权力机关是议榔大会，由榔头主持，每户保证一人参加，主要讨论共同关心的事，	交片村的规约主要有六大内容：一，端正品德礼节；二，不许违犯禁条；三，维护治安，保护公私财产；四，患难与共，互相援助；五，山林、地界划分；六，一切纠纷经过"埋岩"裁决处理。其中第三大内容的规条是：（一）不许偷开别人田水，违者罚银二至三两；（二）不许偷别人田鱼，违者罚银三至四两；（三）不许偷杀别人猪，违者罚银六至八两；（四）不许偷别人的牛羊，违者罚银十至十二两；（五）不许砍护寨树、风景树，不得破坏公共森林，不许盗伐"埋岩"两旁林木，违法乱纪者罚银二十两；（六）不许偷

---

① 杨从明、梁隽、潘贵江：《苗族传统文化习俗与森林可持续经营——贵州省台江县交片村个案调查》，载何丕坤、何俊、吴训锋主编《乡土知识的实践与发掘》，昆明：云南民族出版社，2004 年，第 24～27 页。

栽杉用杉习俗	山林经营思想	议榔管理制度	埋岩制度
说这是忌讳。与其说是忌讳，不如说是让杉木回归自然。死了的树，任其腐朽，变作肥料，回归自然；分丫多的树让它继续生长，长出更多的又粗又壮的树丫来供人们使用	性则主要劈一些大的松树或修理杉木、松木的大树枝。遇见小杉木均自觉地将它保存下来。同时村民砍柴禾多采取轮伐，即一年砍一片山，3～5年一个轮回，以保证"年年有柴砍"	制定榔规等，每三年举行一次。议榔头的主要任务是根据榔规来维持村子内的生产、生活秩序。主要职责有：①调解处理有关田（地）、山林所有权的纠纷；②调解婚姻纠纷；③调解处理偷盗事件；④处理村寨间的纠纷；⑤组织人们起来共同对敌，抗击外侮等	开别人禾仓，盗别人的谷子，违者罚银十五两；（七）不许偷别人的柴草，违者罚银八钱；（八）不许偷别人瓜果、蔬菜，违者罚银三两；（九）不许偷拿别人装套、安夹所得的猎物，违者罚银五至八两

资料来源：杨从明、梁隽、潘贵江著《苗族传统文化习俗与森林可持续经营——贵州省台江县交片村个案调查》，载何丕坤、何俊、吴训锋主编《乡土知识的实践与发掘》，昆明：云南民族出版社，2004。

通过贵州省台江县交片村的案例，我们不难发现，在苗族的传统文化中，蕴含着各种有利于人与自然和谐相处的共生规范。苗族有许多乡土知识，如交片村苗族的栽杉用杉习俗、山林经营思想，以及议榔管理制度和"埋岩"制度等。这些传统民族习俗和习惯法，对于苗族人民及其后代认识自然、尊重自然、爱护自然具有重要的指导意义和规范性效果。同时，这种传统生态智慧也随着苗族代际递导而内含于苗族民众的社会生产生活中。

对于利用自然资源而言，在贵州省台江县大稿午村中，同样有相关的议榔规约："不许乱砍树木和挖掘有再生能力的圪兜，如有急需，即使是自家的也须经批准，并限期砍完。违者白天罚 3.3 元，晚上罚 6.6 元；举报者白天奖 0.3 元，晚上奖 0.6 元；如不服从，加倍处罚，举报者获得一半的奖励。罚款由三个家族各选一个理老收取并管理，以作修路或其他公益事业的开支。如果违反的人多了，三个理老又组织一次议榔，重申旧约或做补充规定。有时他们还突击检查各家的柴草堆，发现有禁伐的木柴（如杉、松、栎等），即以盗伐论处。榔约还规定，不慎失火烧山者也同样要受处罚。但如果报告较快，或携鸭、酒向寨老主动承认错误以及将功补过者，即可免于处罚。砍小米土（即刀耕火种）也须经理老批准，只能选择没有用材林和薪炭林的灌木杂草坡，而且必须在无风之日放火。放火时要自上而下，或者先在上部砍出一条隔火带再引火。"① 由此可见，在苗族的社会生产生活中，对自然资源的利用和保护极具规范性。

在苗族的习惯法中，森林资源保护内容较为丰富。以贵州省台江县阳芳寨为例，其村规民约总共 38 条（2002 年），其中主要涉及当地的山林火灾、盗伐山林以及特殊防范等。② 针对不同的行为实践，则有不同的村规民约，即当地的习惯法，它对于规范当地人的社会实践行为具有重要的指导意义。

表 6 - 3   苗族保护森林资源的习惯法

防范山林火灾	第 4 条：必须注意防火安全。必须注意清除屋里屋外火灾隐患。村内火灾，不论大小，因谁引发，一律罚款 200 元 第 5 条：引起山林火灾，烧毁 1 亩以上（含 1 亩）的，不论是杂木地或松杉地，一律罚款 100 元，赔偿损失的标准，一般为每亩 60 ~ 70 元。稀有珍贵树种或贵重经济林木的赔偿，依照国家的规定处理 第 6 条：不准进入集体山坡烧灰烧炭，违者，每次罚款 20 元
防范盗砍山林	第 7 条：村民砍伐材、竹的，只许在本户自留山砍伐，砍其他农户自留山或责任山的树木、竹子及其枝丫的，每株罚款每次罚款 60 元 第 9 条：偷砍集体山地和风景区的松杉等树木的，5 公分以下每棵罚 50 元，5 公分以上每棵罚 100 元，偷剔树丫的，每挑罚 40 元 第 10 条：偷砍其他农户或擅自采伐本户自留山或责任山的杉、松树木做田、土、园栅的，每棵罚款 50 元

① 吴一文、覃东平：《苗族民间文化与森林管理——贵州省台江县大稿午村个案调查》，载何丕坤、何俊、吴训锋主编《乡土知识的实践与发掘》，昆明：云南民族出版社，2004 年，第 151 页。

② 胡卫东、吴大华：《黔东南台江县苗族林权习惯法研究——以阳芳寨为例》，《广西民族大学学报》（社会科学版）2011 年第 1 期。

特殊防范	第 8 条：凡需砍本户杉、松等树木堆草秆的，需事先申请村委会批准，且只许砍 5 公分以下的树木。砍伐超过 5 公分以上的，每棵罚 20 元，并移送林业部门处罚。 第 25 条：下桥头、付乍要（指面向巴拉河）、谷往、干同翁上路到共送同左、占相单、极同快、干南这，是本村风景区范围。不准进入风景区盗伐滥伐木、竹（包括枯死、折倒的木、竹及其枝丫），违者，每人罚款 20 元，所采伐木、竹收归集体

资料来源：胡卫东、吴大华著《黔东南台江县苗族林权习惯法研究——以阳芳寨为例》《广西民族大学学报》（社会科学版）2011 年第 1 期。

广西资源县车田苗族乡车田村为规范村民生态行为，制订了相关的退耕还林规约：1. 为切实保护退耕还林成果，凡实施退耕还林的区域一律实行封山禁牧，对牲畜采取舍饲圈养，如农业生产用牛等情况需短暂放牧的，必须要有专人看护；2. 凡不实行舍饲圈养或无专人看管的，每发现一次罚款 2050 元；3. 对随意放牧，致使牲畜进入退耕还林地损坏幼树（含竹笋）的，接每株 5 - 10 元的标准赔偿受损户经济损失；4. 牲畜进入苗地损坏苗圃苗木的按照当时当地市场价格的 2 倍予以赔偿；5. 对违反上述第三、第四条行为之一者，除赔偿外，予以 50—100 元的罚款，并按所损坏的造林面积进行补种，负责抚育管理，直至达到同期幼林的生长标准并经验收合格为止；6. 任何单位和个人都有权检举，控告破坏退耕还林的行为，对发现牲畜危害幼树和苗木并能及时制止和举报的，且通过查证属实的，应当给予检举者适当奖励，费用从赔偿罚款中支付。[①] 从规约内容来看，其对牲畜饲养做出了明确规定，对人的管理水平提出了较高的要求，对破坏性生态行为做出了明确规定和处罚细则。

苗族的许多森林管理制度作为一种乡土知识，随着时间的推移，内容逐渐减少，甚至消失。然而，"由这些曾经有形并鲜活在古代的文化内容嬗变而来的，在实质上保持着原有文化约束力的特质被保存了下来，

---

① 袁翔珠：《石缝中的生态法文明——中国西南亚热带岩溶地区少数民族生态保护习惯研究》，北京：中国法制出版社，2010 年，第 299 ~ 230 页。

并为人们有效地利用。比如说，农民股份制林业企业的诞生和发展，就是一种把原来'合款'的制度进行了适合于现代话语与时代崇尚倾向的改变，而后为管理有效性服务。这里面的全部有用知识，都来源于对这片文化最富有号召力和规约力的形式与内容的理解，并把这些理解在现代规约形式下进行重建。"① 事实上，苗族的许多传统生态智慧常常隐藏于其传统民俗文化中，它作为一种乡土知识或"非正式制度"，对苗族社区社会的稳定和发展起到了不可替代的规范性作用。

三

群内必遵和践行的生态伦理道德

生态伦理道德是生态文明的内在要求，它权衡的是人与自然的关系。伦理道德原本主要处理人与人之间、人与社会之间的关系，但出于生态危机不断出现，以及新型社会形态即生态文明的内在要求，近年来，人们不断把人与人之间、人与社会之间的伦理道德思想推及自然界，以伦理道德作为一种尺度来权衡两个具有相对性的世界，即人类社会和自然界。然而，人们习惯性地将处理人与自然生态关系的伦理道德称为生态伦理道德，生态伦理道德也因此被纳入伦理道德体系。它是一种内化思想，没有现行法律法规具有的强制性，是一种以自觉性作为支撑的规范性制度。

在苗族的生态伦理道德体系中，充分体现了以下内容："1. 主张应把生态道德的视野从人与人的关系扩展到人与自然、一切生命与自然界；2. 认为人与自然都具有外在价值与内在价值；3. 认为人是具有理性思维的动物，肩负着维护生态平衡和促进人与自然共生共荣的道德代理者的职责。"② 苗族人民把人视为自然的一个部分，并认为人类源于自然。在苗族古歌中就有有关生命演化的记述，如"枫树砍倒了，化作千万物，

---

① 吴一文、覃东平：《黔东北苗族传统文化约束力在森林管理中的嬗变》，载何丕坤、何俊、吴训锋主编《乡土知识的实践与发掘》，昆明：云南民族出版社，2004 年，第 162 页。

② 罗义群：《论苗族的生态道德观》，《贵州社会科学》2009 年第 3 期。

树根变泥鳅，树桩变铜鼓，树疙瘩变成猫头鹰，树叶变燕子，树梢变鹞宇，树心变成蝴蝶妈妈，蝴蝶妈妈生下十二个蛋，孵出了龙、虎、蛇等和人类的始祖姜央。"[1]

从枫树到蝴蝶，再到姜央的生命演化历程，足以说明苗族先民普遍认为人类生命源于自然界。正是在这样的思想内化下，苗族人民在处理人与自然的关系时，始终秉持人与自然和谐共生的生动实践，在苗族的社会生活中，我们可以找到相关例证。同时，苗族人民还将处理人与人之间、人与自然之间的社会规范，如伦理道德等推及权衡和处理人与自然的关系上，并形成一系列的生态智慧和生态伦理道德，这些规范性伦理长期以来成了苗族人民的社会实践逻辑和行为规范。在苗族的现实社会生活中，有效引导和规范了族群的生态行为，制定了许多有效的"非正式制度"，例如广西融水县苗族埋岩古规理词中说道：

> 听我来讲埋岩规/我立阳间埋岩规/你操织阴间古规/我做埋岩稳定地方/立岩规团结民众/立埋岩下地/岩桩露地面/埋岩要坚固/埋岩要稳定/埋岩不稳黄泥填/埋岩不牢碎石堵/埋岩传千年/埋岩传万代/鸭生蛋来母鸡孵/父立岩规子遵守/埋岩传九代/埋岩传十代/埋岩像岁月不间断/埋岩像江河不断流/他们一人传一人/一代传一代/下深潭舞龙/上天宫踩堂/去阳间才返/去阴间不归/器钝添钢锋利/一代新人换旧人/新皇帝继承先皇帝/儿辈继承父辈/一代继承一代/一代接替一代/今天阴间作证/众人合意/没有谁穿妈衣裙/要我来穿妈衣裙/没有谁穿爸龙袍/要我来穿爸龙袍/要我当头人立岩/做头人立埋岩规。[2]

从广西融水苗族埋岩古规理词的内容来看，其不仅规范了当代人的行为，同时还要求人们把理规世代传承下去，使理规在整个族群内部传承不

---

[1] 潘定智、杨培德、张寒梅编《苗族古歌》，贵阳：贵州人民出版社，1997年，第87页。

[2] 乔新朝、李文彬、贺明辉搜集整理《融水苗族埋岩古规》，南宁：广西民族出版社，1994年，第5～13页。

息。在现实生活中，除了苗族的生态消费文化以外，我们不难发现，其他族群也有相关的生态行为规范，例如广西金秀茶山瑶批山契约、贵州省锦屏县文斗佃种山场合同、贵州省锦屏县佃栽杉木契约等。这些具有生态行为规范性作用的规约，对于族群社区生态稳定和发展起到了积极的作用。

广西金秀茶山瑶批山契约：

> 立字山批人系永宁乡金秀村全胜祝，将祖公遗下山场地名坐落贰拾屯山一所，左边同陶国钧以岭为界，右边同苏胜处照岭为界，上至通顶以大岭分水为界，下边至冲底大路为界，四处山界分明。承批人系古卜乡强仰村冯成品、冯荣广，二人问到金秀村全祝胜，发批贰拾屯一所。山丁耕种，每年山租系作三份分，山丁占贰份，山主占壹份。三人言定，任由山丁反刀复斩耕种。限定五十年为定满批。上边竹山不许放，山丁取笋每年盐租大年肆斤，小年武斤为定，此后限至拾伍年退批。空口无凭，立字为据。[①]

从广西金秀茶山瑶批山契约来看，对山林划定了界线，明确了相关当事人的经营和管理权限，并明确提出复垦等要求。

贵州省锦屏县文斗佃种山场合同：

> 立佃种山场合同人稿样寨龙文魁、龙文明，邦寨吴光才、吴光岳、吴光模、吴启白，蔡溪寨李富林、李忠林三寨人等，亲自问到文斗下房姜兴周、姜永凤、姜文襄得买乌养山一所乌书山一所，今龙、吴、李三姓投山种地，以后栽杉修理长大发卖，乌书山二股平分，乌养山四六股分，栽手占四股，地主占六股；乌书山栽手占一股、地主占一股。其山有老木，各归地主，不得霸占。今恐无凭，立此投个字存照。[②]

---

① 广西壮族自治区编辑组编《广西瑶族社会历史调查》（第一册），南宁：广西民族出版社，1984年，第147页。
② 贵州省编辑组编《侗族社会历史调查》，贵阳：贵州民族出版社，1988年，第17页。

在贵州省锦屏县文斗佃种山场合同中，既明确了相关当事人的权责和利益，又就栽种问题做出了明确规定。

贵州省锦屏县佃栽杉木契约：

> 立佃栽杉木字人勤（黔）阳县周万镒、周顺镒二人，兄弟自己问到下文堵（斗）寨姜朝瑾五人兄弟之祖山坐落上名乌格溪，其山下节杉成林，主家自己修理，周姓不得系分；其有上节佃与周姓栽杉，言定五股均分，残木在内：主家占三股，周姓占二股。候四五年杉木成林，另分合同。如有不栽杉木修理，周姓无分。今欲有凭，立佃帖是实。①

从贵州省锦屏县佃栽杉木契约的内容来看，其不仅明确了相关当事人的权利，同时就山林管理、栽种树木等事项做出了明确规定。

事实上，每一个族群都有自己的一套生态行为规范，而苗族的生态伦理道德的规范性表现，主要是"通过生态道德自律在人们的心灵深处牢牢构建一道生态屏障，并养成正确判断人与自然关系中的是与非的素养，让人们养成尊重自然、保护自然的习惯，强化生态补偿意识，并且采取相应的措施。生态道德对人的行为的规范和要求虽然不是强制性的，但它源于人的内心。"② 苗族生态伦理道德不仅是苗族社区社会的非正式的规范性制度，对我国许多传统民族聚落的社会重建也具有重要的参考意义。在当前社会中，应深入研究苗族生态智慧，并将其与现代性社会治理理念整合成为一种社会治理的理性指导资源，从而实现传统与现代的有机结合。事实上，苗族的生态消费文化的形成和发展，均离不开苗族的生态伦理，尤其是苗族的共生规范思想及其实践。

---

① 贵州省编辑组编《侗族社会历史调查》，贵阳：贵州民族出版社，1988年，第18页。
② 罗义群：《论苗族的生态道德观》，《贵州社会科学》2009年第3期。

第七章

苗族传统生态消费文化的
实践意义

　　苗族传统生态消费文化是苗族人民长期与自然互动的生态智慧，它对于维护苗族社区社会与自然生态持续稳定发展起到积极的作用。在传统的苗族聚落社会中，由于国家意志和国家力量渗入相对较弱，因而相对正式的规范性制度在苗族社区社会中的作用也较弱。与相对正式的规范性制度相比，以民族习俗、传统伦理道德为主要内容的非正式规范性制度发挥着极大的规范性作用，并且不断被内化于聚落中的个体心中。因此，可以说苗族传统生态消费文化的功效，即价值，在苗族日常生活中较为显现。应该说，苗族传统生态消费文化的价值超越了经济学中的价值边界，它更多地表现为与功效或意义等有关。苗族传统生态消费文化的功效或价值集中表现为族群与自然良性互动实践，并作为生态平衡的有效指范和生态文明社会建构的理性指导资源。

一

族群与自然良性互动的实践逻辑

　　苗族的传统生态消费文化是苗族人民长期实践于自然，并通过反思以及进行实践双向调适，从而满足和实现双向诉求的生态智慧。这里的双向既包括人类社会，又包括自然生态。苗族人民通过与自然进行反复的实践，不断总结人与自然和谐共生的智慧，并以实践行为先导作为调适的基础加以传承和发展。

　　苗族作为一个具有自身文化特点的人们共同体，在长期的文化创建过程中，形成了独特的民族文化。其实苗族传统生态消费文化是苗族人民在认识自然、利用自然过程中，通过反思人与自然的关系，并着力协调人与自然的矛盾而形成的。在苗族的生态消费文化形成的过程中，苗族人民也受到自然的"惩罚"，以至于建构生态消费文化成为必然。诚然，苗族传统生态消费文化的形成和发展是一个漫长的过程，从对自然未知，到认识自然、利用自然以及与自然和谐共生，这个过程需要代际的延续性递导，并以自觉性服从和实践作为基础，否则苗族传统生态消费文化是零碎的。

苗族传统生态消费文化之所以长期存在于苗族的社区社会中，说到底，还是苗族生态消费文化在维护人与自然的关系上发挥了规范性效能。苗族生态消费文化从产生、发展到现在，经过不同时期的调适，其内容和形式也发生了深刻的变化。就现今社会而言，苗族传统生态消费文化作为一种非正式的规范性制度存在于苗族社区社会，具有重要的指导性意义和规范性效能，尤其是在处理人与自然关系，以及规范人的社会实践行为方面。良好的生态行为必然离不开相关规章制度，苗族的生态行为管控亦如此。在苗族人民的生活中，约定俗成的"非正式制度"对生态行为的规范作用不可小视。从某种意义上来讲，这种"非正式制度"是许多苗族社区的"制度法规"。事实上，苗族地区村规民约的内容较为广泛，可以说涉及现实社会生活的方方面面，其中，涉及生态行为的村规民约也与日俱增。关于生态行为，贵州省黔东南苗族侗族自治州雷山县《猫猫河村村规民约》就森林保护做出了相关规定：

第二条　管理山是生产队交给管理者负责管理的，管理者有权管好不得任意使用。

第三条　管理山和自留山不得毁林开荒、烧山或开小米土。若乱毁林开荒、烧山和开小米土者，除补足造林外，每亩罚款 30 元；损失严重的，移交司法部门处理。在自留山和管理山造林时，允许搞林粮间作，不许征购，但不准单独开荒种粮。

第四条　凡偷砍他人树木的，除没收或退还原主外，不论何种树木，一卡以上者，每卡罚款 50 元。偷扛杉、松等圆木，不管大人小孩，不论木材大小长短，一节罚款 100 元。偷砍柴的，被捉拿一次罚 30 元，不论数量多少；掺杂有贵重木材的另行处理。乱偷他人薪柴、挖树桩的，被捉拿一次罚款 15 元。

第五条　偷砍竹子，一根罚款 5 元，采一根笋子罚款 5 角，水竹除外。

第六条　划给农户的自留山，现仍是荒着或使用不当的，应收归本队所有。

第七条　有意放牛羊进山糟蹋者，每头罚款 50 元。

第十三条　有意乱砍桥、电杆和村边风景树，每刀罚 3 元。①

从《猫猫河村村规民约》的内容来看，其不仅对生态行为做出了明确的权限管理规定，同时对各种破坏性生态行为做出了处罚规定，使猫猫河村生态行为有据可循，从而确保了全村生态稳定、健康、持续发展。

在现今社会中，人们容易被新事物冲击，在思维定式中，往往习惯性地把传统的文化视为过时、守旧的，甚至给其打上落后的烙印。许多传统智慧也因这股思潮而被边缘化，甚至被消解。事实上，传统智慧在现今社会中，其效能是不容忽视的。在现今社会中，只要合理地整合传统文化，就可以使之成为社会建设和社会治理中的有效性资源，只是这样的思想和行动越来越少。

苗族传统生态消费文化是传统文化的代表之一，倘若将其与现代的消费文化、消费模式、消费理念等进行横向比较，自然存在局限性。因为任何一种文化都有其局限性，苗族的传统生态消费文化中的规范性制度亦是如此，它不可能成为所有人们共同体都认同并践行的规范性制度，它也不可能完全协调好人与自然的关系及矛盾。难道因为苗族传统生态消费文化存在局限性，就不加以传承和发展？诚然不是。既然任何一种文化，包括制度建构等都存在局限性，就不应该放弃完善和重构的努力。

① 杨从明编著《苗族生态文化》，贵阳：贵州人民出版社，2009 年，第 200 页。

事实上，苗族传统生态消费文化作为消费文化的一个部分，它的存在和发展，自有它的理由和功效。人类社会发展至今，就整体生态问题而言，并非所有现代治理思维和方式所能完全解决，在一些生态问题上仍然依托于传统智慧。例如在社会经济欠发展的苗族传统聚落，尤其是国家制度安排较少，即制度供给不足的村寨，传统社会伦理道德则成为整个社区社会的重要规范性制度。虽然这种制度是一种非正式的制度，但它是一种潜移默化的规范性制度。与国家制度安排相比，它的成本较低，易于接受和普及。在苗族传统社会中，国家制度安排相对较弱，苗族的社会秩序基本靠其习惯法来维持，自然生态保护亦是如此。例如贵州省从江县苗族关于捕鱼的规定：

（甲）由广西雄吉至给俩，为给俩、乌给、乌索、乌年、乌冷捕鱼段。

（乙）由给得至党翁，为党翁、阳旺、阳丢、就吉、党牛、别通、养娃、吉拱等寨共用。

（丙）由党翁至加勉小寨，为加勉三个寨的捕鱼段。

（丁）由加勉小寨至爱加、爱所，为别摆（百邦）捕鱼段。

（戊）由爱加至爱雄，属于振由河段。①

从规定内容来看，从江苗族为各自然村寨捕鱼划定了河段和区域，并明确相关管理权限，从而确保鱼类繁衍。关于违反捕鱼规定的相关处罚在苗族地区也不胜枚举，例如贵州省榕江县小丹江村对违反捕鱼规定的处罚："1943年雷山县白岩村人用地萝卜种子磨成粉加上黄泥，到小丹江河段毒鱼，被小丹江村人抓住，并把毒死的150斤鱼抬回小丹江，在村内的大坝子烧几堆火，把榔规内容说给他们听，并按榔规对他们进行了处理。"②从处理结果来看，小丹江村人不仅做出相应的处罚，还按

---

① 贵州省编辑组编《苗族社会历史调查》（二），贵阳：贵州民族出版社，1987年，第31～32页。

② 杨从明编著《苗族生态文化》，贵阳：贵州人民出版社，2009年，第229页。

照传统规约对违反者进行思想教育。苗族传统生态消费文化既然是一种消费思想和消费规范，必然对人的实践行为提出相应的要求，尤其是与自然有关的一系列实践行为。尽管在日常社会生产生活中，没有刻意将生态消费思想强加到每一个个体的日常生活中去，但苗族的生态消费思想和生态伦理则好比一盏若隐若现，却永不熄灭的灯，一直在人们的实践行为道路上闪烁着，并引领着人们走向人与自然和谐共生。因此，苗族传统生态消费文化不仅作为一种文化而存在于苗族社区社会，它还作为苗族人民处理人与自然关系的实践逻辑和规范性制度而存在。

二

生态平衡与和谐共生的有效指范

苗族的传统生态消费文化具有较强的规范性作用，尤其是在维护生态平衡上，其规范性效果更为突出。贵州省雷山县是苗族聚居地，其生态资源和生态环境保存较为完好，这与苗族本土知识，即苗族生态智慧有着密切的关系。也利村、上朗德村、报德村均位于雷山县境内，在这些村落的村规民约中，有大量内容涉及人与自然资源的关系。以下是也利村、上朗德村、报德村的村规民约内容。[①]

在雷山县传统村寨的村规民约中，除了保护以森林为主的自然资源以外，同时还对其他自然资源加以保护。从雷山县三份村规民约的内容中不难发现，当地民众在利用自然、消费自然资源时，总是秉持取舍有度的原则，并非"任性式"的消费。这在一定程度上，不仅满足了当地村民对自然资源的可持续需求，也有利于自然生态的总体平衡和发展。事实上，雷山县的许多村规民约构成了苗族传统生态消费规范，并引导着当地苗族人民的消费行为。这些传统生态智慧，并没有被纳入

---

① 文新宇：《少数民族乡村治理的本土资源问题研究——以贵州苗族传统法文化为例》，贵阳：贵州人民出版社，2007年，第224~242页。

表7-1 贵州省雷山县部分苗寨村规民约

村寨	也利村	上朗德村	报德村
村规民约内容	1. 偷砍他人或集体山上的杉木，蔸径20公分以下的，一律从蔸到尖连叶计算，每市斤罚款10元。蔸径达20公分以上30公分以下的，每根罚款250元，所伐杉木归原主；蔸径在30公分以上40公分以下的，每根罚款500元，材归失主；蔸径在40公分以上的，每根一律罚款1000元，材归失主 2. 盗伐他人松木的，一律以所伐松木从脚尖连叶计算，每斤罚5元，所伐松木退归失主 3. 偷割棕片、棕叶，每片叶罚款1元；偷砍竹子，每根罚款5元；偷拔竹笋，每根罚款3元；偷捡桐籽果，每斤生果罚款5元 4. 偷割秧青，蓄草地上的草、牛猪草，每挑罚20元；偷稻草每帽罚5元；偷田间绿肥、菜花每挑罚款30元	1. 不准窜进他人的保管山偷砍杉、松及其他树，违者罚款，杉木每开（卡）100元，松木和其他树木每开（卡）50元 2. 偷杉木材每人每次罚款120元，并物归原主 3. 凡是本寨周围已明确的风景树及老景树，偷砍此类树者，处罚违者请全寨就餐一次（按现实人头每人1斤米、1斤肉、1斤酒等计算数量） 4. 严禁电击、放毒、爆炸、网捕、水上钓、竹具捞捕等手段打鱼，如经发现及抓获，除作案物资没收外，每一次罚违者100~1000元（发给报案及去抓的人50%，交村委50%。备注：电击、放毒、爆炸罚500~1000元，其他一般手段罚100~500元） 5. 不论内外地人，在本村田边摸七星鱼、黄鳝等鱼类的，每次罚款200元	1. 盗伐杉、松圆周为2卡以下的，每卡罚款50元；2卡至5卡以下的，每卡250元；5卡以上每卡350元。处理时物归还原主，罚款的60%奖给捉拿者（含举报者），35%交处理者，5%给原主，罚款务必兑现 2. 盗伐杂木3卡以下的，每卡罚款60元；3卡以上每卡100元 3. 盗砍竹子（含扯竹笋）每根罚款10元 4. 盗伐杨梅树、梨子树、李子树、桃子树、橘子树、苹果树等经济果木，每株罚200元 5. 偷割他人田边地角护蓄的青草、芭茅草或绿肥、浮漂，每次罚款50元 6. 偷盗药材类，如天麻、杜仲、黄白皮、桔梗等，每株罚款1000元

资料来源：文新宇著《少数民族乡村治理的本土资源问题研究——以贵州苗族传统法文化为例》，贵阳：贵州人民出版社，2007年。

国家制度规范，它们作为一种非正式的规范性制度，对苗族社区社会产生巨大的影响。简单来说，当国家制度安排"缺位"，或国家制度供给不足的时候，这些独具民族特点的习惯法发挥着不可替代的作用，它们成了人与自然和谐共生的规范性制度，并长期指导着人们的实践行为。

表 7 - 2　贵州省雷山县毛坪村村规民约中与森林有关的规定

条款	内容	备注
第五条	偷砍集体或者个人自留山、田边土角的杉木，按树桩量每公分罚款 30 元；松杂木每公分罚款 10 元。另处以罚款 500 元，并退还没收的原物	
第六条	偷砍竹子每根罚款 15 元，偷采一根竹笋罚款 10 元，竹参照本条执行	
第十一条	偷采他人果树苗和果品基地果树或杉树苗的，发现一次罚款 50 元，并负责赔偿损失	
第十二条	失火烧山损失比较大的，一次罚款 200 元，松树和杉树按每株 0.5 元赔偿；情节严重的另由林业主管部门和保护区依法处理	
第十六条	经过测量面积，有承包责任的田有权享受 20 丈内、土 5 丈内、坟墓 1 丈内的土地权和林木使用权，根据地表凹凸形状量长度为准。新开田土不算在内，不准任何人侵犯	
第十八条	用于割草积肥、饲养牲畜的草地，如果荒弃不割草两年以上，任其生长杂灌木或者栽杉树的，在自留山的归自留山主所有，在田边 20 丈内的归田主所有，在土边 5 丈内的归土主所有，任何人不得侵占，原来使用的人无权继续使用	

资料来源：余志彪、余永富、文毅著《雷山县毛坪村生态文化调查报告》，载杨从明编著《苗族生态文化》，贵阳：贵州人民出版社，2009 年，第 167～168 页。

在广西资源县车田苗族乡车田村的村规民约中，对人的生态行为也做出了明确规定，例如村规民约中第五条规定："各队原有的水源林、风景林应维护原状，任何人不得随意砍伐……任何人不得到他人责任山、自留山内砍柴、烧灰、割菁。"第七条规定："凡有下列行为之一，尚不够刑事处罚和治安处罚的，除责成书面检讨或责成赔偿损失外，处违约金 50－200 元……乱砍滥伐责任山、公山、水源山、风景林（含护河林木）的林木以及批少砍多的。"第八条规定："凡在本辖区内外的公民，有下列行为之一的除足额补交税收外，视情节处以违约金 200－1000 元。凡未经村委会和上级有关部门批准乱挖他人责任山（竹林）冬春笋或责任山竹木，给他人采挖冬春笋、烧木炭及对整片竹木林无计划乱砍滥伐的。"[1]

---

[1]　袁翔珠：《石缝中的生态法文明——中国西南亚热带岩溶地区少数民族生态保护习惯研究》，北京：中国法制出版社，2010 年，第 299～230 页。

"在苗族人民的传统观念里，树是他们的生命原体、精神力量。在现实社会生产生活中，苗族先民懂得可持续发展理念，他们深知只有把结籽较多的树木保留下来，才能确保整个山林繁茂不绝，即保存了古树，就是保留了青山绿水和自然生态的多样性。因此，在苗族的许多传统村落里，乱砍滥伐势必受到苗族民众的强烈谴责，甚至受到相应的惩罚。苗族的生态意识和生态智慧，主要源于苗族的元哲学思想。在苗族先民看来，世间万物都有生命，任何一种事物的存在都有其理由和功能。他们认为自然界的万物和人一样，属同一个结构，彼此间具有不可割裂的联系。"[1] 贵州盖赖苗族人民为了保护水源制订了相关规约。比如在水源周边禁止砍伐树木，禁止在泉水里洗脚、扔脏东西，禁止偷别人家田里的水，禁止在泉水旁边大小便……这些有关水的习惯法，一旦触犯，寨里会根据其行为的轻重程度，做出不同惩罚。[2] 长期以来，盖赖苗族以山为伴，以林为友，日出而作，日落而息，充分利用其独特的自然地理条件，在绵延不绝的山腰间耕种出层次不一的梯田，并依托于森林与村寨，构造出有效的农田灌溉系统。在盖赖，稻田耕作是人们主要的农事之一，当地村民有着丰富的稻作经验，并在他们长期的生产劳作实践中形成了一整套与自然环境相协调的亚热带山地稻作生态系统。从盖赖的村落格局来看，其始终把森林—村寨—梯田连成一个有机整体，形成一个可持续发展的生态循环系统，充分折射出人与自然和谐共处的依存关系，也反映出当地苗族人适应和改造自然的生态智慧。[3]

实际上，在许多苗族传统聚落中，人与自然的关系以及处理路径有许多范例，它们作为一种治理资源隐藏于苗族的日常社会生活中。因此，每当苗族人民与自然发生实践互动关系时，总是自觉地将其作为自身的

---

[1] 肖金香、包龙源：《苗族传统生态智慧的现实际遇与和谐社区建设》，《广西民族师范学院学报》2015 年第 6 期。

[2] 杨夏玲：《苗族传统生态知识的"场域表达"及其当代价值——以贵州省三都县盖赖村为个案》，《河西学院学报》2017 年第 3 期。

[3] 杨夏玲、梅军：《苗族传统文化中的生态伦理观——以贵州省三都县盖赖苗寨为个案》，《怀化学院学报》2018 年第 4 期。

实践逻辑或行为指范。这种行为指范之所以长期存在于苗族社会生活中，主要得益于它的规范性效能，尤其是对人的规范性效果和指导性意义。

三

生态文明社会建构的理性指导资源

文明是人类社会进步的集中体现和重要标志。自人类建构社会以来，历经了农耕文明、工业文明等。在农耕文明时期，人类更多利用自然界中的原始物，与工业文明相比，其做工相对粗糙。可以说，自人类步入工业文明后，人类社会得到空前的发展，尤其是物质财富极速膨胀。然而，在人类物质财富极速增长的过程中，人与自然的矛盾也突显出来，甚至出现严重的生态危机，并给人类带来了新的困惑。在物质力量无法完全协调好人与自然关系的时候，人们开始反思自身的实践行为，并开始尝试寻求新的协调路径，于是生态文明逐渐被人们提及，人们呼吁创建新的文明形态，即生态文明。

近年来，生态文明不断进入世人的视野，从政界、学术界、商界到普通民众，都在反思人类自身的实践行为，而生态文明则逐渐被人们认可和接纳。与其他国家相比，我国的生态文明建设进度相对较快，但这并不意味着我国生态文明建设的效果比其他国家好。目前正值我国社会转型时期，政治、经济、文化、社会等各领域都在进行改革。为了使我国更好地步入小康社会，党和国家在制度建设和制度安排上，均有重大调适。仅就我国生态文明建设而言，当前已经被纳入国家的制度建设范围之内，并成为一项重要的工作。生态文明建设与经济建设、政治建设、文化建设、社会建设构成了"五位一体"总体布局。

在生态文明建设方面，党和国家高度重视，做出了重大部署，取得了巨大成效。从2003年至2013年，在这十年间，党和国家高度重视生态文明建设，并把生态文明建设作为一项重要工作，使生态文明建设常态化。

表7-3 2003～2013年党和国家的生态政策

年 份	内 容
2003 年	2003 年年初，国务院颁布了《中国 21 世纪初可持续发展行动纲要》，提出了未来 10 - 20 年中国可持续发展的目标、重点领域和保障措施。总体目标是：可持续发展能力不断增强，经济结构调整取得显著成效，人口总量得到有效控制，生态环境明显改善，资源利用率显著提高，促进人与自然的和谐，推动整个社会走上生产发展、生活富裕、生态良好的文明发展道路
2003 年	2003 年，胡锦涛在中央人口资源环境工作座谈会上提出了建设资源节约型、环境友好型社会的战略目标，指出全面落实科学发展观；调整经济结构和转变经济增长方式，是缓解人口资源环境压力的根本途径；要加快调整不合理的经济结构，彻底转变粗放型经济增长方式，使经济增长建立在提高人口素质、高效利用资源、减少环境污染、注重质量效益的基础上；大力推进循环经济，建立资源节约型和环境友好型社会
2005 年	2005 年 10 月，中共十六届五中全会通过了《中共中央关于制定国民经济和社会发展第十一个五年规划的建议》，首次把建设资源节约型和环境友好型社会确定为国民经济与社会发展中长期规划的一项战略任务。提出：必须加快转变经济增长方式；大力发展循环经济；加大环境保护力度；切实保护好自然生态；认真解决影响经济社会发展特别是严重危害人民健康的突出环境问题，在全社会形成资源节约的增长方式和健康文明的消费模式
2006 年	2006 年 10 月，中共十六届六中全会强调：以解决危害群众健康和影响可持续发展的环境问题为重点，加快建设资源节约型、环境友好型社会
2007 年	2007 年，胡锦涛在中共十七大报告中指出：加强能源资源节约和生态环境保护，增强可持续发展能力；坚持节约资源和环境保护的基本国策，关系人民群众切身利益和中华民族生存发展；必须把建设资源节约型、环境友好型社会放在工业化、现代化战略的突出位置，落实到每个单位、每个家庭
2013 年	2013 年 5 月 24 日，习近平主持十八届中央政治局第六次集体学习时强调："要正确处理好经济发展同生态环境保护的关系，绝不以牺牲环境为代价去换取一时的经济增长。"这充分表明了以习近平同志为核心的党中央加强生态文明建设的坚定意志和坚强决心
2013 年	习近平总书记指出，建设生态文明，关系人民福祉，关乎民族未来。他强调，生态环境保护是功在当代、利在千秋的事业。要清醒认识保护生态环境、治理环境污染的紧迫性和艰巨性，清醒认识加强生态文明建设的重要性和必要性，以对人民群众、对子孙后代高度负责的态度和责任，真正下决心把环境污染治理好、把生态环境建设好

生态文明社会是一种新型社会，是一种人与自然和谐共生、协同共进的社会。目前我国将生态文明建设与经济建设、政治建设、文化建设、社会建设纳入党和国家的政治生活，并形成"五位一体"的良好格局。这将有利于推动我国小康社会进程，以及人与自然生态和谐共生局面的形成和发展。

当前正值我国城镇化建设和生态文明建设重要时期，苗族聚居区也将进入重要建设范围。在建设苗族社区社会的过程中，除了采用现代性知识、科学技术以及科学理念以外，应该巧借苗族本土知识，并将其与现代性技术和理念结合起来，使之成为一种社会治理资源。事实上，苗族的传统文化中不乏许多优秀的传统智慧，这些传统智慧长期以来都是苗族社区社会的重要理性指导资源。同样，在当前的社会中，尤其是重建苗族社区社会时，应该充分利用其本土知识。尽管这些本土知识没有形成一套体系，甚至这些传统智慧是散乱的，但它对苗族社区中每一个个体的行为影响却是潜移默化的。

苗族传统文化是中华民族文化的一个组成部分，其服务面应该是开放的，它服务的对象应该是所有的人们共同体，既可以是中华民族中的任何一个人们共同体，又可以是中华民族以外的其他人们共同体。既然苗族传统文化是中华民族文化的一个部分，那么在我国社会治理过程中，其合理部分应该被纳入我国的社会治理资源库中来，成为一种具有建设性动力的文化资源。同理，在重建苗族生态文明社区时，应该充分挖掘苗族传统生态智慧，尤其是苗族传统生态消费文化中的共生规范思想和生态消费中的村规民约。这些具有规范性效能的非正式制度，对于苗族生态文明社区的重建具有重要的指导性意义和规范性效果。

第八章

当代消费文化建构路径与生态文明社会建构维度

一

生态消费文化建构的基本路径

消费是人类的基本实践行为，它不仅是人实现持续性生存需求的路径，同时也是社会财富再造的关键性因素。人作为消费主体，其社会实践活动无一不与消费产生直接或间接的关联。自人类建构社会以来，消费成了人类社会中的一大惯习实践行为。当然，这种消费行为不仅局限于经济学中的市场交易行为，它超越了纯粹经济学中的商品、货币、交换等边界。从某种程度上来说，消费具有实践性和社会性。

消费是人的行为产物，因此其具有文化属性。生态消费文化是一套协调人与自然和谐共生的观念、伦理、道德、法律法规等规范性制度的集合。事实上，生态消费是人与自然之矛盾极速加剧后所倡导和建构的一种消费模式，这种消费模式要求人们既注重生态价值，又兼顾人类的长远发展和持续性生存需求。就当前的生态消费文化建构路径而言，应重塑生态消费文化主体的人文关怀精神、强化生态消费文化主体的价值认同基础、优化生态消费文化主体的制度环境。

（一）重塑生态消费文化主体的人文关怀精神

自人类建构社会以来，历经了农耕文明、工业文明。在农耕社会时代，由于人的认知能力和社会生产力有限，因而对自然存在很大的依赖性。在农耕文明时期，虽然人类社会有了很大的发展，但其社会财富极其有限，物质财富主要通过人为作用于自然界而获取，其劳作技术较为粗糙，因而其社会产品基本以初级产品居多。然而，因人的认知能力和科学技术具有有限性，一方面，人不得不过分依赖自然物而存在；另一方面，人为了保证和实现自身的持续性生存而不断向自然界索取。随着人的诉求增加，人对自然的消费逐渐发生异化，以至于引发了一系列的生态危机。

在农耕文明时期，人对自然的消费已出现异化的痕迹，但这种生态失衡的烈度在工业文明时期更为凸显。自人类步入工业文明后，从某种程度上来讲，人类的社会财富达到前所未有的数值。换句话说，工业革命把人类带到物质财富极为丰富的社会。与农耕文明相比，工业文明向前迈进了一步，它是人类认知能力提高和科学技术进步的集中体现。农耕文明时期，人对自然界依赖度较大，集中体现为人通过对自然的实践或获取自然物作为生存基础而存在，其社会产品以初级产品居多。

工业文明时期，人依然离不开自然界，同样通过对自然的实践或从自然界获取生产资料而存在。但与农耕文明不同的是，工业文明时期，人的认知能力得到全面的提高，科学技术得到前所未有的发展。因此，工业文明时期的社会财富不仅在量上超越了农耕文明时期，同时其更为优质，具体表现在社会劳动产品上，即工业文明时期，社会劳动产品更为精致，而这种精致主要通过工业革命中的科学技术来完成和实现。进入工业文明后，经济理性一度主导着人类社会，经济人也成了特殊的符号群体。经济人是西方经济学关于人类经济行为的一种基本的理论假设，它认为人们在经济生活中总是追求自身利益的最大化，有自利的动机和倾向。[①] 在经济理性的牵引以及经济人追求经济利益最大化的过程中，出现了经济财富增加和人类与自然互动行为的异化，生态危机促使人们重新审视自身实践行为，进而要求从纯粹的经济人向理性的"生态经济人"转变，经济人的社会角色被解构和重构，以符合社会规范和达到社会期待。

生态理性思想，可追溯到生态学马克思主义主要代表人物安德烈·高兹。他在《经济理性批判》一书中，不仅指出资本主义社会的经济理

---

① 焦君红、孙万国：《从"经济人"走向"生态理性经济人"》，《理论探索》2007 年第 6 期。

性弊端，以及其所带来的生态危机问题，还提出建立生态社会主义社会。为了论证经济理性的局限性和生态理性的必要性，高兹对经济理性的内涵及其限度做了深入浅出的分析，他认为对于经济理性的诉求和期望不能过高，在经济理性上，他提出了"够了就好"和"知足常乐"的要求。同时，他认为应该在"够了就好"和"知足常乐"的经济理性基础上建构新型理性，即生态理性，并以此作为一种价值逻辑来引导人们的实践行为。在安德烈·高兹看来，生态理性是用一种最好的方式来满足人的物质需要，尽可能提供最低限度的、具有最大使用价值和最耐用的东西，以少量的劳动、资本和能源的花费来生产这些东西。他主张用生态理性超越经济理性以凸显生态维度，并指出现代社会应该按照生态理性维度的指引来进行社会同构，从而打断传统意义上的"更多"与"更好"的连接点，促使"更少"与"更好"有机结合。其中"更少"指的是以尽可能少的劳动、资本和资源，最佳的生产方式和手段，提高产品的使用价值和耐用性来满足人们的物质需要。

除了高兹以外，国内也有学者对生态理性进行论述，如复旦大学哲学学院哲学博士后流动站研究员郑湘萍认为："生态理性指的是人基于对自然环境的认识和自身生产活动所产生的生态效果对比，意识到人的活动具有生态边界并加以自我约束，从而避免生态崩溃危及到人自身的生存和发展。它的目标是建立一个人们在其中生活得更好、劳动和消费更少的社会，其动机是生态保护、追求生态利益的最大化。"①

生态理性偏重于生态价值，它具有和谐性和整体性特点。生态理性强调人与自然和谐发展、共生共存，同时又指出人与自然生态具有相互依存关系，两者互相作用并构成一个整体。正如唐代兴所说："在生态理性哲学中，'生态'是指生命与世界存在之整体敞开的进程状态；具体地讲，生态是指人与世界存在之整体敞开进程状态。人是生命之一具体

---

① 郑湘萍：《从经济理性走向生态理性——高兹的经济理性批判理论述评》，《理论导刊》2012 年第 11 期。

形态，人存在于生命圈之中：没有生命圈的存在，根本不可能有人这一物种生命的存在……'世界存在之整体'首先是指世界存在生态语义场，其次指整个宇宙，然后指自然——包括大地、地球、生物圈，最后指人类社会。"① 可见，生态是人类赖以生存的基础性前提和条件。生态理性关注的是所有生命形态和谐共生的理性形式，它把人类视为生态系统中的一个有机组成部分，与其他生命系统相互联系相互影响，共同构建生物共同体的和谐、健康、稳定以及完整与统一。生态理性具有其内在的价值体现，并拒绝用商品化思维来度量自然资源的价值。② 我国有关生态理性的思想，其历史及源起较为悠久。

中华民族在与自然环境长期互动的过程中，不仅形成了良好的互动机制，还将人与自然的关系置于稳定、和谐的氛围中，并凝结成优秀的互动智慧，即"天人合一"的生态哲学思想。在这种思想的长期塑造作用下，最终凝聚形成了世界上独一无二的中华民族大智慧，即生态文明。生态文明已经成为中国当下极力发展和推进的重要建设内容，是国家发展战略的重要组成部分。在 2007 年中共十七大会议上，时任总书记胡锦涛同志郑重地提出了推进生态文明建设的决策。2012 年中共十八大，将生态文明建设提到经济建设、政治建设、文化建设、社会建设并列的战略高度，形成了"五位一体"的建设目标。由此可见，生态理性及生态文明建设在我国已是一种发展趋势。生态文明是中华民族长期与自然互动的结果，尽管"生态文明"一词首创于我国，但这并不意味着我国已是生态文明高度发达的国家。当前正值我国城市化水平快速提升的关键时期，作为被"改造"的对象，对传统民族聚落来说，除了经济理性和城市化以外，生态理性和生态文明建设也极为重要。

在我国，"国家在场"的传统民族聚落在经济发展上表现为增值、增速，同时也面临不少生态问题，尤其是民族地区在城镇化过程中把经

---

① 唐代兴：《生态理性哲学导论》，北京：北京大学出版社，2005 年，第 17 页。
② 刘丹：《农村社会生态理性的社会学研究》，《辽宁大学学报》2010 年第 11 期。

济指标和城镇化水平作为传统民族聚落发展程度的重要评判尺度，生态的稳定和持续与否往往被遗忘，从而导致生态失衡和生态危机。在经济理性牵引和"国家在场"的双重作用下，传统民族聚落的文化被打乱重构，同时其文化生境也面临着新的挑战。所以，"经济新常态"视阈下的民族聚落，要适时调整生产模式和适应"经济新常态"，继承和发扬优秀传统民族文化以营造良好的民族聚落文化氛围，同时，将生态理性纳入并作为一项重要的理性指导资源。民族地区城镇化建设，经济追求不可或缺，但在追求经济财富过程中，生态平衡不可忽视，要尽可能地避免"先生产后治理"所带来的困扰和难题，应充分利用民族地区资源优势，寻求适合自身发展的路径。①

事实上，人类在建构农耕文明和工业文明过程中，均离不开自然界，尤其是自然界中的各种资源。人类通过利用自然资源来实现自身的持续性生存，同时实现自身的文明建构。然而，无论是农耕文明，还是工业文明，人不仅对自然的依赖性极大，对自然生态的破坏也是前所未有的，人与自然的关系日趋紧张。这种紧张主要表现在人对自然的过分索取，以至于出现一系列自然生态凋敝和生态失衡的现象，甚至出现严重的生态危机。基于这样一种事实，以及顾及人类社会的长远发展和持续性生存，人们开始反思自身的实践行为，并倡导建构新的消费模式，即生态消费模式。同时也提出了全新的文明形态，即生态文明。

生态文明是继农耕文明和工业文明之后的一种新型文明形态，它的提出和存在与人的长远利益息息相关，或者说生态文明是现阶段人们诉求的集中表现。生态文明既注重生态价值，又兼顾人的持续性需求。与农耕文明、工业文明相比，生态文明则兼顾了经济理性、生态理性和社会持续性生存。然而，建构生态文明社会的关键则是人们消费观念的转变以及消费模式的调适，即建立新的消费模式，如生态消费。

---

① 梅军、包龙源、赵巧艳：《"新常态"视阈下传统民族聚落社会重构的三重维度关照》，《广西社会科学》2015 年第 12 期。

建构生态消费文化自然离不开人，因为人是生态消费文化的主体。事实上，人与自然的矛盾加剧，很大程度上取决于人的观念和实践行为。良好的观念导向，必然带来积极的行为结果。农耕文明时期和工业文明时期，人与自然的关系之所以出现紧张，主要有两方面原因：一方面，由于人们的认知能力有限，采取单向消费模式，只把自然作为生存资源库，没有充分意识到自然资源的有限性和自然的承受能力；另一方面，生态技术较为落后。

在生态文明社会建构过程中，重视生态消费文化的重塑极为重要，尤其是生态消费文化主体的人文关怀精神。因此，可以说，重塑生态消费文化主体的人文关怀精神是生态文明社会建构中不可或缺的重要内容。生态文明社会建构需要生态消费文化的支撑，而人是生态消费文化的主体，尤其是人文关怀精神。重塑生态消费文化主体的人文关怀精神，重点在于把人作为自然界的一个组成部分来看待，即把自然界视为一个庞大的生命体加以对待，或将其人格化加以珍惜，从而使人与自然和谐共生。

（二）强化生态消费文化主体的价值认同基础

在探讨生态消费文化主体的价值认同之前，有必要对价值的概念和内涵做一下简单的梳理。从目前有关价值研究成果来看，涉及价值或把价值作为研究对象主要是哲学、经济学、生态学等。由于每一个学科的研究视角不一样，所以对价值的解读和释义也有所不同。就价值的概念和内涵而言，学术界形成了一系列的研究成果。

李德顺在其《价值论》一书中认为："价值是指客体的存在、作用及它们的变化对于一定主体需要及其发展的某种适合、接近或一致。"[1]李剑锋在《价值：客体主体化后的功能和属性》一书中指出："价值是客体能够满足主体需要的那些功能和属性。"[2] 袁贵仁在《价值与认识》

---

[1] 李德顺：《价值论》，北京：中国人民大学出版社，1987年，第13页。
[2] 李剑锋：《价值：客体主体化后的功能和属性》，西安：陕西师范大学出版社，1988年，第11页。

一文中谈到："价值是客体对主体所具有的积极或消极意义。"① 王玉樑在其《价值哲学新探》一书中提到："价值是客体对主体的效应。客体对主体的正效应，就是正价值；负效应，就是负价值。"② 赵守运、邵希梅在《现行哲学价值范畴质疑》一文中认为："价值凝结着主体改造客体的一切付出。"③ 李连科在《哲学价值论》一书中认为："价值就是客体与主体需要之间的一种特定关系。"④ 阮青在《价值哲学》一书中认为："价值这个概念归根到底反映的是作为历史主体的人之生存、发展、活动及其结果的意义。"⑤

以上的研究成果主要围绕"需要""意义""属性""劳动""效应"等来界定价值的概念，由此可见，价值涉及的领域极广。然而，"用属性、劳动界定价值，范围似乎过于狭隘，因为它们都只是价值的一个方面，用作用、效用、意义、关系界定价值又似乎过于宽泛，因为会让许多客观事实进入价值领域。诸多定义中相对而言，用需要界定价值其范围则似乎相对恰当些。"⑥ 总的来说，当前的价值研究，主要以"'主体——客体'关系的逻辑结构来定义价值。他们或以客体的功能或属性规定价值，或以主体和主体需要规定价值，或以主客体关系来规定价值"。⑦

主客体研究范式在价值研究中取得了不少成绩，但主客体关系模式并不是可以说明任何现象的普遍有效的方法论模式，只有那些由主体与客体之间的相互关系所规定、所产生或所制约的现象，才能利用或借助主客体关系模式去说明。如果我们没有足够的理由，假定这世界上的所有现象都是主客体之间的某种关系，或是主客体关系所派生的，那么我

①　袁贵仁：《价值与认识》，《北京师范大学学报》1985 年第 3 期。

②　王玉樑：《价值哲学新探》，西安：陕西人民教育出版社，1993 年，第 140 页。

③　赵守运、邵希梅：《现行哲学价值范畴质疑》，《哲学动态》1991 年第 1 期。

④　李连科：《哲学价值论》，北京：中国人民大学出版社，1991 年，第 62 页。

⑤　阮青：《价值哲学》，北京：中共中央党校出版社，2004 年，第 13 页。

⑥　易小明：《关于价值概念的几个问题》，《马克思主义与现实》2014 年第 1 期。

⑦　郁建兴：《关于马克思价值概念的商榷》，《哲学研究》1996 年第 8 期。

们则没有理由把主客体关系模式视为普遍有效的方法论模式。[1] 诚然，关于价值的研究古已有之，只是没有现今那么普遍。在过去的社会中，人们习惯性把价值与人的需求和愿望联系在一起。这种思维也是价值主客体关系模式的思想源头。

伴随着社会的发展以及各类学科的细化，不同的学科根据自身的研究需求对价值概念给出了不同的解读和释义。价值在经济学中，强调实用性，伦理学关心的是道德的善，美学注重美。价值的概念在不同的学科中之所以出现不同的含义，主要取决于不同学科的研究对象、研究内容及研究方法。生态伦理学是一门以自然生态为研究对象和内容的综合性学科，它关注的不仅是生态价值，是以人与自然生态和谐共生为研究目标的交叉学科。生态伦理学作为伦理学的一个分支学科，主要以伦理学基本思想及其研究路径作为支撑来关注和研究生态问题，其中生态性或生态价值是生态伦理学的重要研究内容之一。

事实上，生态伦理学的产生和发展，在很大程度上与现实社会有着密切的联系，从某种程度上来说，与人的消费实践行为有关。一门学科的兴起必有它的理由和功能，生态伦理学作为一门协调人与自然生态关系的学科，它的意义在于引导人们树立良好的生态观，兼顾人类社会与自然生态的长远利益。自从进入工业文明以来，一方面，伴随着人的认知能力的提高和科学技术的进步，人类的社会财富剧增；另一方面由于人们对自然过分索取，形成了"任性式"的消费模式，引发了一系列生态问题。出现生态凋敝和生态危机，在很大程度上与人的价值观念有关。在农耕文明和工业文明时期，人的实践行为主要以人的利益和价值为导向，这是一种单向的实践行为。换句话说，这种实践行为主要以人的需求为中心，很少顾及生态价值对人类社会的影响，这也是农耕文明和工业文明的局限性，而生态文明则注重生态价值，并将其与人类社会的长远利益有机结合起来。

---

[1]　赖金良：《主客体价值关系模式的方法论特点及其缺陷》，《浙江社会科学》1993 年第 1 期。

在生态文明社会建构过程中，不仅要追求经济理性，更要权衡好生态价值在整个社会中的作用和意义。近年来，随着人与自然生态关系的紧张，人们逐渐反思自身的实践行为，并倡导生态价值在生态文明社会中的作用，同时也因此形成了一系列与生态价值有关的研究成果。胡安水认为："生态价值是生命现象与其环境之间的相互依赖和满足需要的关系，这区别于以往只具有客体对主体的单向关系的价值观。生态价值可分为环境的生态价值、生命体的生态价值、生态要素的生态价值、生态系统的生态价值四类。"[1] 程宝良、高丽认为："生态价值的自然基础是生态系统。生态价值的主体意识体现着人类的需求，生态恢复和生态消费需要社会的整体性规划和管理。"[2] 由此可见，生态价值不仅对人类社会的长远利益产生深远的影响，在建构生态文明社会过程中，同样需要对生态价值进行整体规划。

生态价值观和生态消费行为是生态消费文化的重要组成部分。人作为生态消费文化的主体，在建构或重构生态消费文化过程中，必须强化生态价值认同，从而使生态价值与经济价值、社会价值有机结合起来，形成生态经济、生态社会的良好格局。过去，人与自然的关系之所以出现异化，生态价值观长期被弱化是其中的重要归因之一。因此，要想更好地实现生态文明建设，应该强化生态消费文化主体对生态价值的认同，不仅把生态价值观在个体心中内化，更要使这种观念在实践活动中产生效能，从而规范人的实践行为，使人的消费行为趋向生态消费。

（三）优化生态消费文化主体的制度环境

人是生态消费文化的主体，不仅人的观念行为会对自然生态产生影响，人为建构的制度及其环境也会对自然生态发生作用。事实上，建构或重构生态消费模式，就是在建构或重构一种制度。当然，这种制度既

---

① 胡安水：《生态价值的含义及其分类》，《东岳论丛》2006 年第 2 期。
② 程宝良、高丽：《生态价值的整体性研究》，《环境科学与管理》2006 年第 7 期。

可以是正式的，也可以是非正式的。建构生态消费模式是实现生态理性和生态价值的一种路径，同时也是生态消费文化建构的过程。然而，生态消费模式的建构或重构，离不开制度安排。从某种程度上来说，制度建构或制度安排是生态消费模式运行的重要保证。良好的制度建构或制度安排利于生态消费模式的运行和生态消费文化的形成。在制度建构以后或制度安排过程中，需要良好的制度环境作为践行场所。

自人类建构社会以来，人总是有意识地建构一系列的社会规范，有些被人们称为社会习惯或社会风俗，有些则衍生成法律法规等现代性制度。关于制度的内涵与外延边界，无论是西方话语，还是在中国学术界，至今都没有形成统一的定论，或许这就是学术空间之所以存在的缘故。就制度的定义而言，在不同的时空以及不同的学科研究场域，均有不同的声音和表达。从目前有关制度的研究文献来看，不同的学科对制度的定义，往往"按需"进行释义和表达，以满足相关论述的需要。在西方学术话语中，对制度研究较为深入的学者主要有凡勃伦、康芒斯、诺思、沃尔顿·汉密尔顿、佩乔威齐、艾尔斯纳、安德鲁、霍奇森、尼尔、布朗利、沃尔顿、思拉恩·埃格特森等。这些学者均从不同的学科和视角对制度做了相应的定义。

早在 1899 年，传统制度学派开山大师凡勃伦就对制度有如下定义："制度实质上就是个人或社会对有关某些关系或某些作用的一般思想习惯，而生活方式所由构成的是，在某一时期或社会发展的某一阶段通行的制度的综合，因此从心理学的方面来说，可以概括地把它说成是一种流行的精神态度或一种流行的生活理论。"① 在凡勃伦看来，制度是一种自然习俗，只是因其长期被人们接受和习惯化，而变成了社会生活中必不可少的东西，抑或成为一种社会公理并被众人所接受。旧制度学派的重要代表人物康芒斯认为："如果我们要找出一种普遍的规则，适用于一切所谓属于'制度'的行为，我们可以把制度解释为集体行为控制个体

① 凡勃伦：《有闲阶级论》，北京：商务印书馆，1964 年，第 139 ~ 140 页。

行为。集体行为的种类和范围很广，从无组织的习俗到许多有组织的所谓'运行中的机构'，例如家庭、公司……以及国家等。大家所共有的原则或多或少是个体行动受集体行动的控制。"[1] 因此，在康芒斯看来，制度就是集体行动控制个体行动的一系列社会规则或社会准则。总的来说，制度是一种具有规范性功能的社会规则，它的产生和存在对一定社区内的社会成员产生约束力和规范性。

人是实践性较强的动物，但人的实践行为并非毫无边界，这主要受人的认知能力所限，同时对人的行为加以规范和约束也符合人类社会的长远利益和持续性生存目的。制度作为一种社会规则，它对于人的行为具有规范性功能。因此，在建构生态消费文化和生态文明社会过程中，制度的建构和制度的安排极为重要。近年来，随着人与自然的关系不断恶化，人们不仅意识到生态价值在整个人类社会未来发展中的作用和意义，并提倡建构生态消费模式和生态文明社会。在建构生态消费模式和生态文明社会的过程中，与自然生态相关的制度不断被建构并予以实践，在一定程度上缓解了人与自然的矛盾。

尽管当前建立了一系列协调人与自然生态关系的制度体系，但这些制度仍然有待完善和优化。从目前的生态消费文化和生态文明社会的制度建构和制度安排来看，以正式制度居多，如国家层面上的法律法规（与自然生态环境有关的规范制度或文件）。这种制度一旦形成并得到一定的社会认同，就具有较强的强制性，与非正式制度相比，正式制度对社会成员的约束力更为显现。虽然，非正式制度不像正式制度那样极具强制性和约束力，但其对生态消费文化主体行为的影响是潜移默化的。

当前，我国已做出了《全国主体功能规划》《全国生态功能区划》《全国生态脆弱区保护纲要》《国家重点生态功能区保护和建设规划》等生态保护制度顶层设计，并出台了相关法规，例如《森林法》《草原法》《渔业法》《农业法》《矿产资源法》《土地管理法》《水法》等。然而，

---

[1] 康芒斯：《制度经济学》，于树译，北京：商务印书馆，1962 年，第 87 ~ 89 页。

在生态文明建设过程中，存在政府推进层面、市场作用层面、公众参与层面遭遇制度陷阱的现象，需要强化以政府、市场、公众为参与主体的"三位一体"生态文明制度体系建设。事实上，生态文明制度建立的价值基础是尊重自然、顺应自然和保护自然，将自然提升到与人平等的主体地位。公众是生态文明建设的践行者、中流砥柱和力量源泉。应完善生态文明建设的公众参与机制，保障公众对生态文明建设的知情权和参与权，提高生态文明建设公众自觉性，动员一切可以动员的力量参与到生态文明建设中，形成浓厚的生态文明建设社会新风尚。①

在生态消费文化建构和生态文明社会建构过程中，除了强化正式制度（与自然生态环境有关的法律法规等）以外，还应该重视非正式制度（生态伦理、生态道德、习惯法等），从而使人们的消费行为趋向生态消费。生态消费模式是一种全新的消费行为，它既是生态消费文化建构的基础，又是实现生态文明社会建构的有效路径。生态消费文化是生态文明社会建构的文化资本，因此在建构生态文明社会过程中，重视生态消费文化主体的人文关怀精神、强化生态消费文化主体的价值认同和加强制度安排与优化制度环境极为重要。从某种程度上来讲，生态消费文化主体的人文关怀精神、价值认同以及制度安排与制度环境构成了生态消费文化建构的基本路径，其也是生态文明社会建构的建设性资源。

二

生态文明社会建构的双重必要性资源选择

自人类建构社会以来，经历了农耕文明、工业文明。在农耕文明和工业文明过程中，由于这两种文明具有自身的局限性，人类无法协调好人与自然的和谐共生关系，这就给生态文明的产生和发展留下了必要空

---

① 刘登娟、黄勤、邓玲：《中国生态文明制度体系的构建与创新——从"制度陷阱"到"制度红利"》，《贵州社会科学》2014 年第 2 期。

间。诚然，生态文明具有农耕文明和工业文明无法比拟的地方。这样一来，人类文明则需要多种文明和智慧，以更好地协调好人与自然的共生关系。

（一）传统智慧在生态文明社会建构过程中的规范效能

生态人类学本身就是现代科学的产物，它是在系统论、信息论、控制论推动之下，文化人类学与生态学联合的产物，生态人类学的研究思路和方法本身就立足于现代科学技术的多学科整合。生态人类学不仅要发掘少数民族的生态知识，也要发掘和利用一切现代发达民族的本土生态知识；不仅要发掘已经失传了的古代生态知识，也要发掘现代兴起的本土生态知识。现代科学技术并不是放之四海而皆准的，而传统知识也有用武之地。[①] 因此，我们必须正确认识传统生态知识与现代科学技术的关系。

在社会经济高速发展的今天，物质财富给人类社会带来了极大的便利。从某种程度来说，现今人类物质财富是科学技术进步的结果。正因为如此，人们很容易被新概念、新技术所吸引，并将现今众多的社会财富归功于最新科学技术的作用，于是人们逐渐"喜新厌旧"，并力求最新，只有这样，才能称得上潮流。渐渐地，但凡与现代存在一定差异性的传统文化多被打上"落后"的烙印，许多传统文化也因此被边缘化，或被消解。

事实上，论及传统与现代的边界时，可以说，至今无人能给出最具说服力的答案。从目前已有的研究成果来看，在界定传统与现代的边界时，人们还是偏重于从时间坐标轴上入手，基本上形成以时间作为两者界线的"共识"。正因为这种"共识"长期渗入民众的思想意识，故而引发一系列的"审视偏差行为"。从某种程度上来讲，教育界负有一定的责任。诚然，"审视偏差行为"的出现，并非教育界单方面的因素，

---

① 杜薇：《脆弱生态地区传统知识的发掘与利用》，成都：西南交通大学出版社，2011 年，第124 页。

而是多方面社会要素所致，例如家庭、学校、社会、政府，以及个体自身因素，等等。

尽管人们把时间作为界定传统与现代的关键性因素，但这不能作为决定性因素。实际上，传统与现代这两个概念只是一种符号性术语，当然，这种符号性术语具有一定的内涵和象征意义。从历史的视角来寻找和划分传统与现代的边界，自然是一种较为折中的路径。但当这种思维定式长期根植于民众的社会生活中，容易使民众误读传统，不利于优秀传统的挖掘和传承。因为在现代性极强的今天，人们更热衷于"创新"，但凡多一点传统思维的东西，常被冠以"滞后"的标签。

人是条件反应极强的动物，当环境发生突变时，人的第一反应则是如何使自己避免受伤。当然，这种受伤并非肉体的划破，有时候更多的是精神层面的东西。为了维护精神的平衡，人会尽可能地将自身的精神状态融入"主流社会精神"，于是遵从思想便不断增多。由于人是一种敏感性极强的动物，在还没有确认自己答案的时候，习惯性地将他者的意见或想法作为自身的参照系。一方面，它体现了人性中的包容，另一方面也折射出人的有限依赖性，以及人的主观能动性。同样，人对外部环境的依赖，很多时候是在人对自身情况了解不足或把握不够的时候所产生的。就传统与现代的概念和边界而言，人们也往往会形成这种"审视偏差行为"。长期以来，由于历史思维形成一种定式，故而容易让人们把传统与现代割裂开来，并习惯性地把传统的文化视为"落后"与"滞后"的代表，而与传统相对的现代，则被人们推崇为文明和进步的代表。

尽管传统与现代的边界难以划出具体的界线，但有一点很有必要澄清，那就是传统与现代之间，没有绝对的优劣之分。

传统本身是一种文化资源，然而这种资源往往因现代性的兴起而不断被人们边缘化，现代性似乎成了当前社会的"主流元素"。在现代性极强的今天，传统很少被人们提及，它的功能也常因人的追新意志而被弱化。尽管当前社会以现代性作为时代的主调，并被人们极力推崇，但这并不意味着传统已经消失。事实上，在我们的现实社会生活中，传统无处不在，它潜藏在人们的社会生活中，不像现代性那样极具显性功能。

自人类建构社会以来，传统一直贯彻于人类社会，并作为一种治理资源存在于人们的社会生活中，它并非完全被消解，只是被人们借用其他术语替换了而已。确切地说，传统的存在是通过"变体"的路径来实现的。这种"变体"往往与人为重构有关。众所周知，人是一种具有意志性的动物，文化的建构和重构方向是从人的基本诉求出发的，所以传统通过"变体"存在也是正常的文化现象。然而，传统的"变体"则与现代性的整合有很大的关系，且不说传统为了迎合现代性才做出的让步或妥协，就传统的持续存在而言，它需要从内部进行调适，同时也需要与现代性进行整合，否则难以满足它的服务对象——人的诉求。

传统蕴含的内容太多，它所具有的合理性和科学性本身就是一种人类社会治理资源，这种资源不应受现代性思潮冲击而被边缘化，或被弱化。但凡有包容心的人都知道，传统的存在与现代性并没有形成绝对的排斥关系，相反，它们是一种相互整合、相互促进的共生关系。当然，这并非有意地模糊它们的边界，而是为了更好地挖掘传统中的合理性和科学性，从而与现代性进行整合，使它们共同成为人类社会治理中的理性指导资源。

（二）现代治理理念及生态技术在生态文明建设进程中作为牵引动力

在现今社会治理中，现代理念必然作为一种社会治理资源存在，并成为社会改革和发展的重要参与动力。现代治理理念是一个时代的思想缩影和社会发展的结晶，它既因社会的发展而产生，同时又反作用于人类社会。现代治理理念往往表现在两个层面上，即思维转变和技术革新。思维转变往往体现为人的认知能力的提高，而技术革新更多侧重的是物质力量的巨变。从某种程度上来说，人类社会发展的动力可以归结人的认知能力的提高和科学技术的进步。

人类社会自建构发展至今，经历了几种文明形态，这些文明形态的出现，分别标志着不同时期的社会文明程度。继农耕文明之后，工业文明可以说是人类文明中的一大飞跃。自从人类步入工业文明后，无论是精神领域，还是物质力量均发生了前所未有的变化，而这些变化均与人们的社会生活息息相关。工业文明是人类文明中的一大创举，但这并不意味着人类文明已经完满。事实上，在践行工业文明的过程中，人类也遇到了前所未有的挑战，其他社会领域暂且不言，仅就人与自然生态的矛盾而言，就已出现了严重的生态危机。这种危机集中表现为人类过度地消耗自然资源，以及人为了极速实现自身利益诉求而不顾自然生态的承受能力所引发的一系列生态问题。从某种程度上来说，人类认知能力的提高和科学技术的进步给人类带了巨大的社会财富，但是，随着这两种能力的提高，人与自然的关系也发生了相应的转变。因此，在工业文明社会中，人与自然的关系需要重构。这种重构逻辑需要从人与自然的持续共生出发，重视生态价值，重构人的消费模式，调整人的消费行为，从而实现人与自然的和谐共生。

现代科学技术是生态治理的重要手段，在采用现代生态治理技术的过程中，还应考虑各种生态环境的特殊性，同时不能忽视传统生态知识在生态治理过程中的作用。贵州毕节市通过采用传统生态知识对生态进行治理，取得了较好的成效，其主要做法如下：一是利用植物的残枝落叶截留水土，积累可供林木生长的土壤，同时为日后定植的树苗提供庇护；二是从已有树林中移栽树苗，解决当地适用树种的汰选难题；三是造林不要一次性完成，而要分多次进行，凭借自然力不断优选出可以成材的植株；四是整个造林过程并不局限于原先拟定的规划，而是顺应自然，与具体的自然背景相契合。因此，当地苗族的传统生态智慧集中体现为对自然生态背景的认知和尊重，为树木找寻和营建适合生长的最佳条件，而不是简单要求自然顺从人类的意愿。① 可见，传统生态知识在现代生态治理中具有重要的作用。

在当前的生态环境治理中，现代思维和理念以及科学技术则是重要的治理资源。科学技术往往成为人们改变自身的一大动力，同时也是人

---

① 杨庭硕：《论地方性知识的生态价值》，《吉首大学学报》2004 年第 3 期。

类处理人与自然关系的惯习路径。科学技术的革新和发展给人类社会带来了极大的便利，但这并不等于科学技术可以解决所有问题。在科学技术给人类社会创造巨大社会财富的同时，自然生态环境也遭到不同程度的破坏，这种破坏有时候是直接的，有时候是间接的；有些是显现的，有些是潜在的。技术本身是一种生产动力，但其自身也存在局限性。技术涉及的领域很广，不同的领域则有不同的技术诉求，因而形成了不同门类的技术，例如生态技术、绿色科技、环保技术等。这些技术均与自然生态有着密切的关系，它们都是人类处理和协同人与自然关系的路径或操作方法。

诚然，生态技术是人与自然关系出现紧张状态后提出的一种解决路径。生态技术与一般的科学技术略有不同，它注重生态价值与人类可持续发展相结合。关于生态技术的概念和内涵，目前学术界存在不同的声音，莫衷一是。学者吕燕、杨发明认为："生态技术是一种节约资源、避免或减少环境污染的技术，它从根本上改变了物质流的过程，实现了原材料和废弃物的再循环利用，这是经济可持续发展的必要条件，没有生态技术的进步就不可能有经济的可持续发展。"[1] 陆树程则认为："科学技术的发展应是人类知识、认知水平可预测、可控制的一定度内的发展，超过一定度，带来的将不是福音，而是灭顶之灾。"[2] 而吕永龙认为："有关生态环境保护的技术称谓包括：环境技术，环境友善技术，环境优先技术，'无公害工艺'，'绿色技术'，'生态技术'，'生态工艺'等。生态技术概念的演化为技术的发展指明了目标和方向，同时也说明生态技术的发展是一个动态过程。"[3] 总的来说，生态技术是一种以生态价值和人类可持续发展作为导向，以实现人与自然生态和谐共生为目标的技术或方法。在现今的社会重构中，关注生态价值和重建生态环境成了不可缺少的内容，在重建生态环境的过程中，生态技术则是重要的重构资

---

[1] 吕燕、杨发明：《有关生态技术概念的探讨》，《生态经济》1997 年第 3 期。

[2] 陆树程：《科技发展与当代环境科技观》，《哲学研究》2002 年第 6 期。

[3] 吕永龙：《环境技术创新及其产业化的政策机制》，北京：气象出版社，2003 年，第 14 ~ 15 页。

源。生态技术作为现代治理资源中的关键技术，它不仅弥补了传统社会治理中的不足，同时还能引领一种全新的文明形态，即生态文明。生态技术的本质是要求人们本着人与自然和谐共生的思想来进行技术发明或使用技术手段，从而使生态技术真正成为服务于生态文明建设的重要建构资源。

（三）传统指范与现代治理理念的冲突的创造性可能

传统指范泛指传统社会中具有规范性效能的制度，这种指范既可以是正式的，也可以是非正式的。在中国的传统社会中，传统指范具有较强的规范性功能，无论是上层建筑，还是底层社会，无不深受这种具有规范性功能的制度所约束。例如中国的传统国家治理理念中主张仁政、德治等，事实上，这种治理路径主要采用柔性治理资源，即通过仁、德感化，使之深入每一个个体心中，从而达到"不治而治"的政治目的。

诚然，伴随着时代的变迁，传统指范的规范性功能也发生了变化。例如许多传统指范在过去社会中作为一种正式的规范性制度存在，但在当前社会中，有些传统指范以一种非正式制度存在。这种制度演变和角色转变，与人和时代的诉求有着密切的关联。人是一种意志性极强的动物，任何一种文化的建构或重构无不与人的诉求有关。这种诉求有时表现在精神领域，有时候体现在物质诉求上。简单来说，文化是人为作用的结果。无论是"传统指范"，还是现代性治理理念，无不是人为建构或重构的结果，且它们都是人类文化。人作为文化的创始者，又是文化的服务对象，因而在建构生态文明过程中，传统指范和现代性治理理念都应被纳入社会治理资源库中，并服务于人类社会。

实践证明，我国各民族的传统生态知识可以缓解以下几种水资源短缺的问题：一是在降水稀缺，蒸发量极大的内陆地带，相关民族不仅拥有高度节水的资源利用技术，还具有在利用的同时有效抑制液态水无效蒸发的知识和技术技能；二是在西部各民族中，众多少数民族都拥有在江河上游高海拔区段储养液态水资源的相关知识和技术技能，这对缓解我国水资源短缺可以产生明显的成效；三是西部各民族拥有提高水质的传统经验和相应的管理办法，这可以对提高地面径流、固定水域的水质发挥积极的作用；四是在西部各民族中，有一些民族拥有高效用水、反复多次利用水资源的传统经验，以及配套的技术和技能。[1] 可见，传统生态知识作为一种理性指导资源，对于解决我国现实生态治理问题具有重要作用。

在现实的社会治理中，传统指范和现代性治理理念也会存在冲突。因为两者属于不同时空背景下的产物，自然带有不同的时代特征。两种文化类型好比两个人，出生的时代不同，其思想和行为表现也会有所不同。因此，两者之间存在冲突也在所难免。事实上，冲突并非坏事，往往由于社会的发展而被人们关注，并得到调适和解决。冲突是矛盾存在的具体表现形式，而矛盾的产生和存在，有时是自身内部结构所致，有时候是外部动因促成。

当传统指范与现代性治理理念发生冲突时，或者说在传统指范与现代性治理理念发生冲突的临界点，易形成冲突的创造性可能。这种冲突的创造性可能是在传统指范和现代性治理理念双方力量相当的情况下产生的。换句话说，现代性治理理念无法完全替代传统指范，而传统指范又很难完全介入现代社会引发的双向调适。诚然，这种调适需要一定的动力，既有自身内部的主动调适，也有外部力量促成。内部主动调适往往是由于自身局限性而做出的主动采借或吸收，而外部力量介入，则是一种文化强势入驻，迫使原有文化结构发生变化或调适。

在社会重构中，常常看到传统指范与现代性治理理念发生冲突的现象。从某种程度来说，这种冲突与文化的排他性有着密切的关系。任何一种文化，包括极具包容性的文化在内，都具有一定的排他性，这种排他性的形成和存在与文化自身力量或文化能力有关。当一种文化介入一个全新的社区社会时，不会一帆风顺，至少有一个接触或融入的过程。

---

[1]　杨庭硕、田红：《本土生态知识引论》，北京：民族出版社，2010年，第209页。

文化同人一样，都有一个磨合期。当两种不同类型的文化放置于同一个社区时，倘若它们之间的文化特点具有较多的相似性，则容易融合或共生，但当两种文化的特点存在很大差异时，则容易形成文化冲突，甚至具有较强的排他性。

在社会生活中，文化冲突是常有之事。同时也正是文化冲突，迫使人们寻求求同存异的路径，即尊重文化的多样性。文化冲突并不意味着所有的结果都是恶劣的或消极的，事实上，文化冲突也可以带来积极的、具有创造性意义的结果。例如，国家现代性制度（正式制度）与乡土社会中的村规民约或习惯法（非正式制度）之间的冲突。制度本身是一种文化，即制度文化，它涵盖了所有具有规范性作用的制度，既包括正式的，又包括非正式的。因此，当国家制度与传统乡规民约或民间习惯法发生冲突时，除了国家意志力和强制力介入以外，更多的是靠文化的柔性对话和协商。

国家制度介入传统社区社会，并非一蹴而就或一帆风顺的，其间的阻力难以料及。因为国家制度往往是政治意志的代表或象征，它具有强大的控制力和规范性，同时它的适用对象是一个国家所有的民众。与国家制度相比，乡规民约适用的对象较少，服务面相对较窄。因此，当国家制度与传统乡规民约发生冲突时，国家制度往往占据优势，因为它有国家意志力或强制力作为后盾。同时国家制度是有针对性和目的性的规范性制度，所以容易形成优势文化的代表，从而迫使传统乡规民约进行重构或调适。然而，在重构或调适的过程中，同样伴随着冲突。换句话说，冲突贯穿着重构或调适的所有过程，只是冲突的程度不一样而已。一般而言，在冲突或调适的早期，冲突的程度较大一些。

同样，在生态文明社会建构中，传统指范和现代性治理理念均是有效的规范性指导资源。它们在生态文明建设过程中，各自发挥自身的优势，当将两者进行整合时，难免存在冲突，因而所有的传统指范和现代性治理理念不可能完全重叠，它们之间必有相异的空间，那么填补这些空间是一项极需智慧的工作。冲突并不可怕，关键是如何将这种冲突转变成一种创造的动力，使之成为冲突的创造性可能。例如在制度移植过程中，难免存在冲突，既有来自原有制度的抵抗和排斥，又有可能折射出的现有制度的不足。人们可以通过这种冲突来调适制度移植的路径，以及完善制度本身，甚至建构出一种全新的制度规范。生态文明社会建设，必然涉及传统指范与现代性治理理念，它们之间的冲突如何来权衡和协商，这需要实践主体——人的智慧。事实上，在建构生态文明社会过程中，可以巧妙利用传统指范和现代性治理理念的冲突来建构新的治理资源或治理路径。因为这种冲突不仅使人们清晰地看到传统指范或现代性治理理念单方面力量在处理人与自然关系过程中的不足，同时也使人们通过思考这种冲突来寻求新的解决路径。

三
生态文明社会建构的三重维度

继农耕文明之后的工业文明，给人类社会带来了巨大的社会财富。然而，伴随着人类社会的进步，人的诉求不断趋向多元，且对舒适度的要求越来越高。人们不再单纯地停留在物质层面上，更多的是追求与自身持续性有关的行为或实践，而关注自身生存环境则成了人们的一种普遍认知。自工业文明以来，人们在为自身所创下的物质财富倍感欣慰的同时，也在深刻反思自身的实践行为或创富路径，并意识到人与自然生态的关系已出现危机，基于这样一种事实，人们开始建构一种全新的文明形态，即生态文明。在建构生态文明过程中，需要把握好共生逻辑、共生实践、共生规范这三个维度。

（一）共生逻辑引导下的建构思维和建构理性

共生逻辑是一种共生思维和共生共在理念，这种思维不仅适用于人与人之间、人与社会之间，同样适用于人与自然之间。人与自然生态的共生关系是一种尊重自然生态价值，以及关注人类未来发展的关系。这种共生关系的建构或维系需要共生逻辑作为长期的理性指导，否则人与自然的共生关系将会断裂，甚至出现严重的危机。共生逻辑是一种行动逻辑，它与一般的行动逻辑有着本质上的区别，共生逻辑引导下的行为侧重于共生和相互促进以及协调发展，它注重共生价值和长远意义。

众所周知，思想是行动的指南。良好的思维往往促成良好的实践结果。同样，在权衡和处理人与自然生态关系时，需要共生逻辑作为导向，这样不仅使人对自身的实践行为有所规范，同时对于维护人与自然生态的关系具有重要的现实意义。在过去的社会建构或重构中，人们往往把自身的诉求或利益作为行为实践的出发点，常常忽略了自然生态价值。这样一来不仅形成"人定胜天"的错误认知，这种错误的认知还给自然生态带来了巨大的破坏，以至于人与自然的关系走到了极度紧张的境地。

在以科学技术作为社会发展动力的今天，人们往往为物质力量所折服，因而习惯性地让物质力量介入社会生活的方方面面，包括处理人与自然的关系。这种发散性思维的出发点是好的，因为它的目标很明确，然而，由于过分地推崇物质力量，以至于有时候很难准确地认知清楚事物的本质规律。这种行为体现为人在利用自然资源的过程中，过分地信崇自身的能动作用，有些人认为自然生态可以通过人工复原，甚至认为自然生态可以通过人工建构。

诚然，人的能动作用不容忽视，但也不能过分信崇，否则容易形成"人定胜天"的错误认知。长期以来，由于人们过分信崇自身的能动作用，且不顾及自然生态的承受能力，肆无忌惮地向大自然征伐，以至于生态环境"伤痕累累""千疮百孔"等。自然生态有其自身的规律，一旦人过度介入，自然生态原有的规律将会异化，从而带来一系列难以料及的自然灾难。事实上，许多自然灾难与人的实践有着很大的关系。例如乱砍滥伐，一方面造成森林资源数量减少，影响生物链中的其他环节；另一方面使自然生态严重失衡。森林减少、山石裸露，容易造成水土流失，同时土壤中的营养结构也会发生变化，例如土地肥力下降等。

行为结果往往与行为逻辑相一致，或者说行为结果是行为逻辑的产物。同样，在处理人与自然生态的关系时，要秉持共生逻辑，并践行共生理念。凡与自然生态有关的实践行为，都应以共生逻辑作为先导。对个体而言，应该自觉树立自然生态观和共生理念。从国家层面来讲，应该建立健全相关规范性制度，作为实践行为保障。具体来说，人除了为自身社会立法以外，还应为自然立法，确保人的实践行为在规范性制度内进行。

共生逻辑强调的是共生，它在本质上要求任何一种实践行为都应以共生作为基点或导向。对于生态文明建设而言，同样如此。生态文明建设并非单方面地追求生态价值，也绝不是生态中心主义，自然生态的重建应该与人类社会生活联系在一起。人类参与生态重建，是一种积极的、主动的共生实践。因为人们意识到，人永远是自然界中的一个部分，而自然生态则是人类永恒的生存家园。倘若自然生态面临危机，那么人类社会也会同样面临生存危机。因此，确保自然生态的平衡和稳定，事关人类的可持续发展问题。

共生逻辑是生态文明建设的必要性建构思维和理性指导。在建构生态文明社会过程中，应秉持"天人合一"的共生逻辑思想，这不仅是人与自然和谐共生的需要，同时也是一种具有建设性意义的理性指导资源。只要人类的生存空间地球没有被毁灭，人与自然之间始终需要共生智慧，而人作为实践主体，则更需要具备共生理念来指导自身的实践行为。当然，共生逻辑包含的内容较多，可以说，自人类建构社会以来，凡是具有共生功能或共生意义的思维和方法都应被纳入其中。它既可以是传统智慧，又可以是现代性治理理念。

（二）共生实践过程中的建构资源和建构动力

共生实践是共生逻辑的具体操作过程。在共生逻辑引导下展开共生实践才更具现实意义。就人与自然生态的共生实践而言，人是实践的主体，而自然生态更多扮演客体的角色。从某种程度上来说，人是共生实践的具体操作者，也是共生实践的引导者。因此，在建构生态文明社会

的过程中，人是关键性因素，生态文明的建构资源和建构动力则由人来
进行整合和凝聚。

生态文明社会的提出和建构，一方面反映了人与自然生态关系的紧
张，亟须调适；另一方面，则体现了人类社会未来发展的新走向，即生
态文明社会。生态文明社会的建构固然需要相应的建构资源和建构动力，
而生态文明社会的建构资源是全方位的、多层次的。但凡对于维护自然
生态的稳定和发展具有建设性效果的资源都应被纳入建构资源库，这种
建构资源既可以是精神力量，又可以是物质力量。同时，它既可以包含
现代性治理理念，又可以采借传统智慧。

人是生态文明社会的核心建构动力。人本身是一种资源，也是一种
动力。在经济学、管理学等学科中，有专门的人力资源研究领域。虽然
这些研究领域大多关心人在社会中的作用，但也可以将其引入处理人与
自然生态的关系上来。当自然生态遭到破坏时，它自身具有一定的修复
能力，但这种修复能力相对较弱，这时需要人的参与。人的介入会促使
自然生态发生一定的变化，但自然生态稳定和发展，必然需要人的参与。

在生态文明社会建构的过程中，发挥好人的能动作用极为重要。因
为人是生态文明社会的核心建构资源，又是其关键建构动力。众所周知，
人是主观性和意志性较强的动物。生态文明社会的建构是人基于客观事
实，并发挥主观性和意志性的结果。既然人具有极强的主观性和意志性，
那么在生态文明社会建构中，必须要处理好人的问题，尤其是人的长远
诉求。在充分了解人的诉求的基础上，将共生逻辑引入每一个个体的日
常社会生活中，并使之不断强化。

只有当共生逻辑不断在人们的社会生活中强化，共生实践才会产生
实质性效果。人在共生逻辑的引导下展开共生实践，不仅符合各共生体
的诉求，也符合共生理念的程序性原则。人除了作为生态文明社会建构
的建构资源和建构动力以外，还是生态文明社会建构资源和建构动力的
整合者和凝聚者。生态文明社会的建构，必然需要建构资源和建构动力，
但更需要凝聚这些资源和动力的要素——人。

从某种程度上来说，人既是生态文明社会的核心建构资源和关键性建构动力，又是生态文明社会建构资源和建构动力的研发者和调配者。同时，建构资源和建构动力的效能大小与人有着直接或间接的关系。因为生态文明社会的建构资源不仅需要人去发现、发明、创造，更需要人有智慧地去运用，既包括已被发现或发明的资源，又包括潜在的资源。

人之所以在整个生态文明社会的建构过程中尤为重要，除了自身可以作为一种建构资源和建构动力以外，人还是促使这些资源和动力运作的关键性因素。可以说人在生态文明社会建构过程中扮演着双重角色，既作为一种建构资源或建构动力存在，又是促使这些建构资源或建构动力产生效能的推手。生态文明社会的提出和建构，不仅改善人与自然生态的关系，同时也符合人与自然和谐共生理念。

然而，共生实践是实现生态文明社会建构的关键环节，因为共生实践是生态文明社会建构的具体实践。在展开共生实践过程中，应该始终尊重自然生态规律，并结合人类社会的长远发展目标，进而使生态价值与人的诉求有机结合起来，既避免绝对的自然中心主义和人类中心主义，又可以有效地践行人与自然和谐共生理念。

共生实践是一项复杂的智慧工程，它除了需要大量的共生性资源和动力参与以外，更需要共生实践主体——人的智慧。人作为生态文明社会建构中的实践主体，一方面不仅要寻求具有建设性的建构资源和建构动力，更重要的是使这些建构资源和建构动力发挥作用、产生效能。生态文明社会建构中的建构资源和建构动力的来源具有多样性，它既可以是传统智慧，又可以是现代性治理理念。因此，在建构生态文明社会过程中，有效地整合一切具有共生意义的资源极为重要。

（三）共生规范指导下的传统控制与现代性制度安排

共生规范是一种以共生为目标的建设性制度，它既可以是传统文化体系中具有规范性功能的非正式制度，又可以是现代性文化中具有共生意义的正式制度。共生规范不仅可以协调人类社会中人与人之间的关系、人与社会的关系，同时也可以协调和促进人与自然和谐共生的关系。有时候，共生规范只作为一种思想停留在人们的脑海，有时却以一种文本的形式出现在人们的社会生活中，并对社会成员产生规范性作用和约束力。

在生态文明社会建构过程中，共生规范是不可或缺的建构资源。因为在展开共生实践过程中，需要共生规范引导和规范。换而言之，共生逻辑、共生规范、共生实践是一脉相承的，它们之间既有协作，又有分工，是一个相互促进的动态过程。共生逻辑是生态文明社会建构的理性思维，共生实践是生态文明社会建构的具体实践行为，而共生规范则是生态文明社会建构的规范性制度。

共生规范作为生态文明社会建构中的制度保障，它使实践主体——人——能更科学地展开共生实践。事实上，共生实践的对象主要是人，它对人的实践行为产生规范性作用，并对人的行为给予约束。生态文明社会建构中的共生规范，既可以是柔性的规范性制度，如生态伦理、生态道德等，又可以是刚性的强制性制度，如国家的环境保护法等法律法规。无论是非正式的制度，还是正式的制度，只要具有共生规范的效能，均可作为生态文明社会建构的规范性制度。

当然，对于柔性的共生规范，如生态伦理、生态道德等非正式制度而言，有人会担心这种制度的规范力。这种担忧是可以理解的，因为生态伦理、生态道德本身就是一种以自觉性作为践行基础的非正式制度，其实践主体较为自由，不像正式制度那样极具针对性。正式制度的规范目标比较明确。一般而言，当一种制度被人们普遍认同，并以国家的法律形式固定下来，那么这种制度往往具有较强的约束力。

无论是柔性的生态伦理、生态道德，还是刚性的法律法规，只要具有共生规范效能，都应被纳入生态文明社会建构制度体系中。生态伦理和生态道德作为非正式制度，它们对实践主体——人——的行为规范有一种潜移默化的作用。尽管这种非正式制度具有自身的局限性，但它弥补了正式制度的缺陷和不足。例如在展开共生实践的过程中，正式制度具有强制性，有时候甚至过激，并使共生实践走入一种困境。这时候需要柔性的非正式制度作为桥梁或中介，将正式制度有序引入共生实践。

就生态文明社会建构中的共生规范而言，它既可以包括传统控制，又可以涵盖现代性的治理理念。传统控制是一种柔性的非正式制度，它主要靠伦理道德、社会风俗习惯等作为社会成员的行为规范，并对每一个社会成员产生约束力。传统控制虽不像现代性治理理念那样让人倍感"科学"，但传统控制之所以能够流传至今，自有其存在的理由和功能，它作为一种文化存在于人们的社会生活中，对于社会成员的影响是潜移默化的。

同样，在生态文明社会建构过程中，应该巧借传统控制作为共生实践中的共生规范，并把传统控制作为生态文明社会的建构资源或治理资源。传统控制看似一种抽象的意识或观念，然而这种意识或观念却长期在人们脑中布控，它不仅对人们协调人与人之间的关系、人与社会的关系产生深刻的影响，对人们处理和协调人与自然的关系同样意义巨大。

在人类尚未从自然界"脱离"之前，人类对自然界的依赖极大，并习惯性地把自然界的某些现象人格化，甚至认为它们具有某些灵性，产生"万物有灵"的思想，这主要由于人类早期的认知能力有限。人类也因此产生了各种自然崇拜、图腾崇拜等民间宗教信仰。随着人类社会的进步和发展，人对自然的认识也发生了巨大的变化，从依赖自然发展到征服自然。然而，人类在征服自然的过程中，由于过分地信崇人定胜天的信条，出现了严重的生态危机。人与自然矛盾的加剧主要表现在工业文明时代，但人也在工业文明时期开始反思人与自然的关系，并呼吁和倡导建构全新的文明形态，即生态文明。

人类在征服自然的过程中，并非一味地向自然界索取，同时也在尝试调适人与自然的关系。然而，这些调适路径以生态伦理和生态道德为主。人们希望通过柔性的非正式制度来规范人的实践行为，促使人与自然形成和谐共生的局面。但由于这种非正式制度的实践主体较为自由，故而其约束力较弱。尽管如此，这些具有共生作用的生态伦理和生态道德，一直是人们协调人与自然关系的重要资源。它们是传统控制的代表，在现今的生态文明社会建构中，其作用和意义同样不可漠视。

在生态文明社会的建构过程中，除了要挖掘传统智慧，并使其成为共生实践中的共生规范以外，更要强化具有共生功能的现代性治理理念在生态文明社会建构中的运用。在采借现代性过程中，应该有一系列的现代性制度安排，例如为自然立法，以及加强生态理念和生态技术的运用等。这种投入主要围绕人与自然和谐共生来进行。尊重生态价值和重视人的长远发展，才是人与自然和谐共生的本质。

参考文献

一、著作类

（唐）白居易：《白居易集》，长沙：岳麓书社，1992。

陈鼓应：《老子注译及评介》，北京：中华书局出版社，1984。

〔德〕哈贝马斯：《认识与兴趣》，郭官义、李黎译，上海：学林出版社，1999。

杜薇：《脆弱生态地区传统知识的发掘与利用》，成都：西南交通大学出版社，2011。

（清）段玉裁：《说文解字段注（上下）》，成都：成都古籍书店，1987。

恩格斯：《反杜林论》，北京：人民出版社，1970。

〔法〕让·波德里亚：《消费社会》，刘成富、全志钢译，南京：南京大学出版社，2000。

（唐）房玄龄等：《晋书》，长春：吉林人民出版社，1995。

广西壮族自治区编辑组编《广西瑶族社会历史调查（第一册）》，南宁：广西民族出版社，1984。

贵州省编辑组编《苗族社会历史调查（二）》，贵阳：贵州民族出版，1987。

（晋）郭象注，（唐）成玄英疏《庄子注疏》，北京：中华书局，2011。

何丕坤、何俊、吴训锋：《乡土知识的实践与发掘》，昆明：云南民族出版社，2004。

胡寄窗：《中国古代经济思想史》，北京：中国社会科学出版社，1981。

冀昀主编《左传（上）》，北京：线装书局，2007。

焦必方：《环保型经济增长》，上海：复旦大学出版社，2001。

雷安平：《苗族生成哲学研究》，长沙：湖南出版社，1993。

李德顺：《价值论》，北京：中国人民大学出版社，1987。

李剑锋：《价值：客体主体化后的功能和属性》，西安：陕西师范大学出版社，1988。

李连科：《哲学价值论》，北京：中国人民大学出版社，1991。

李廷贵，张山，周光大主编《苗族历史与文化》，北京：中央民族大学出版社，1996。

李秀林等主编，李淮春等修订《辩证唯物主义和历史唯物主义原理（第五版）》，北京：中国人民大学出版社，2004。

廖福霖：《生态文明建设理论与实践》，北京：中国林业出版社，2003。

陆群：《民间思想的村落：苗族巫文化的宗教透视》，贵阳：贵州民族出版社，2000。

吕永龙：《环境技术创新及其产业化的政策机制》，北京：气象出版社，2003。

马克思、恩格斯：《马克思恩格斯选集（第1，3卷）》，人民出版社，1995。

马学良、今旦：《苗族史诗》，北京：中国民间文艺出版社，1983。

〔美〕道格拉斯·C·诺思：《经济史中的结构与变迁》，陈郁 罗华平等译，上海：上海三联书店、上海人民出版社，1994。

〔美〕凡勃伦：《有闲阶级论》，蔡受百译，北京：商务印书馆，1964。

〔美〕加德纳·墨菲，约瑟夫·柯瓦奇：《近代心理学历史导引》，北京：商务印书馆，1980。

〔美〕康芒斯：《制度经济学》，北京：商务印书馆，1962。

〔美〕科斯等：《财产权利与制度变迁产权学派与新制度学派译文集》，上海：上海三联书店、上海人民出版社，1994。

〔美〕罗尔斯顿：《环境伦理学》，杨通进译，北京：中国社会科学出版社，2000。

梅军、吴秋林：《贵州多元宗教研究》，成都：电子科技大学出版社，2011。

潘定智、张寒梅、杨培德：《苗族古歌》，贵阳：贵州人民出版社，1997。

乔新朝、李文彬、贺明辉搜集整理《融水苗族埋岩古规》，南宁：广西民族出版社，1994。

阮青：《价值哲学》，北京：中央党校出版社 2004。

上海文艺出版社编辑《中国民间长诗选（第一集）》，上海：上海文艺出版社，1980。

石朝江、石莉：《中国苗族哲学社会思想史》，贵阳：贵州人民出版社，2005。

石玉昌：《互联网经济下清水江流域生态脱贫的教育突围》，北京：中央民族大学出版社，2017。

（汉）司马迁：《全本史记（第 4 卷）》，北京：中国华侨出版社，2011。

田兵：《苗族古歌》，贵阳：贵州人民出版社，1979。

王凤刚：《苗族贾理》，贵阳：贵州人民出版社，2009。

王玉樑：《价值哲学新探》，西安：陕西人民教育出版社，1993。

文新宇：《少数民族乡村治理的本土资源问题研究——以贵州苗族传统法文化为例》，贵阳：贵州人民出版社，2007。

吴德坤、吴德杰搜集整理翻译《苗族理辞》，贵阳：贵州民族出版社，2002。

吴晓东：《苗族图腾与神话》，北京：社会科学文献出版社，2002。

伍新福：《苗族文化史》，成都：四川民族出版社，2000。

严华英：《中华传世名著文库·老子》，北京：中国戏剧出版社，2004。

（春秋）晏婴著，王思平注释《晏子春秋》，北京：华夏出版社，2002。

杨伯峻：《论语译注》，北京：中华书局，2006。

杨伯峻：《孟子译注》，北京：中华书局，1960。

杨从明编著《苗族生态文化》，贵阳：贵州人民出版社，2009。

杨元龙收集、整理、译著《祭鼓辞》，贵阳：贵州民族出版社，2011。

尹世杰主编《中国消费结构研究》，上海：上海人民出版社，1986。

〔英〕弗里德利希·冯·哈耶克：《自由秩序原理（上）》，邓正来译，北京：三联书店，1997。

〔英〕马尔科姆·卢瑟福（Malcolm Rutherford）：《经济学中的制度》，陈建波，郁仲莉译，北京：中国社会科学出版社，1999。

〔英〕迈克·费瑟斯通：《消费文化与后现代主义》，刘精明译，南京：译林出版社，2000。

〔英〕西莉亚·卢瑞：《消费文化》，张萍译，南京：南京大学出版社，2003。

于学仁：《于湜之小楷书三都赋》，天津：天津杨柳青画社，2007。

袁翔珠：《石缝中的生态法文明——中国西南亚热带岩溶地区少数民族生态保护习惯研究》，北京：中国法制出版，2010。

张岱年：《中国哲学大纲》，北京：中国社会科学出版社，1982。

中共中央马克思恩格斯列宁斯大林著作编译局译《1844 年经济学哲学手稿》，北京：人民出版社，2000。

中共中央马克思恩格斯列宁斯大林著作编译局译《资本论》（第

1 卷），北京：人民出版社，2004。

中国民间文艺家协会主编《亚鲁王》，北京：中华书局，2011。

中国民间文艺研究会贵州分会编《民间文学资料（第四十八集）》，1982。

中国作家协会贵阳分会筹委会编《民间文学资料（第四集）》，1958。

周相卿：《台江县五个苗族自然寨习惯法调查与研究》，贵阳：贵州人民出版社，2009。

（宋）朱熹撰，李一忻点校：《周易本义》，北京：九州出版社，2004。

（春秋）左丘明著，李维琦等注《左传·庄公二十四年》，长沙：岳麓书社，2000。

二、期刊类

柏建华：《生态消费行为及其制度构建》，《消费经济》2005 年第 1 期。

陈伟明：《古代华南少数民族的饮食消费与民俗文化》，《贵州民族研究》，1998 年第 2 期。

程宝良、高丽：《生态价值的整体性研究》，《环境科学与管理》2006 年第 7 期。

胡安水：《生态价值的含义及其分类》，《东岳论丛》2006 年第 2 期。

胡江：《生态消费——迈向 21 世纪的新消费》，《生态经济》1999 年第 3 期。

胡锦涛：《高举中国特色社会主义伟大旗帜 为夺取全面建设小康社会新胜利而奋斗——在中国共产党第十七次全国代表大会上的报告》，《求是》2007 年第 21 期。

胡锦涛：《坚定不移沿着中国特色社会主义道路前进为全面建成

小康社会而奋斗》，《人民日报》2012 年 11 月 9 日，第 002 版。

胡锦涛：《在中央人口资源环境工作座谈会上的讲话》，《人民日报》2004 年 4 月 5 日。

胡卫东、吴大华：《黔东南台江县苗族林权习惯法研究——以阳芳寨为例》，《广西民族 5 大学学报年第社会科学版)》2011 年第 1 期。

黄志斌、赵定涛：《试论未来的生态消费模式》，《预测》1994 年第 3 期。

江林、陈立彬、肖轶楠：《我国与发达国家生态消费主导模式比较研究》，《生态经济》2010 年第 9 期。

赖金良：《主客体价值关系模式的方法论特点及其缺陷》，《浙江社会科学》1993 年第 1 期。

李彦和：《论消费文化与生活方式的关系》，《消费经济》2011 年第 4 期。

梁禹祥、南敬伟：《诠释制度伦理》，《道德与文明》1998 年第 3 期。

刘志飞：《生态消费伦理与生态文明建设》，《鄱阳湖学刊》2010 年第 3 期。

陆树程：《科技发展与当代环境科技观》，《哲学研究》2002 年第 6 期。

罗义群：《论苗族的生态道德观》，《贵州社会科学》2009 年第 3 期。

罗义群：《论苗族的生态道德观》，《贵州社会科学》2009 年第 3 期。

吕燕、杨发明：《有关生态技术概念的探讨》，《生态经济》1997 年第 3 期。

梅军、包龙源、赵巧艳：《"新常态"视阈下传统民族聚落社会重构的三重维度关照》，《广西社会科学》2015 年第 12 期。

齐超：《制度含义及其本质之我见》，《税务与经济》2009 年第 3 期。

邱高会：《我国生态消费的研究现状及展望》，《中国市场》2010 年第 Z2 期。

邱耕田：《生态消费与可持续发展》，《自然辩证法研究》1999 年第 7 期。

汪秀英：《绿色消费与生态消费的规则界定与分析》，《现代经济探讨》2005 年第 8 期。

习近平：《关于〈中共中央关于全面深化改革若干重大问题的决定〉的说明》，《人民日报》2013 年 11 月，16 日，第 001 版。

习近平：《关于〈中共中央关于全面深化改革若干重大问题的决定〉的说明》，《人民日报》2013 年 11 月，16 日，第 001 版。

习近平：《关于〈中共中央关于制定国民经济和社会发展第十三个五年规划的建议〉的说明》，《人民日报》2015 年 11 月 4 日，第 002 版。

习近平：《全面贯彻落实党的十八大精神要突出抓好六个方面》，《求是》，2013 年第 1 期。

肖金香、包龙源：《苗族传统生态智慧的现实际遇与和谐社区建设》，《广西民族师范学院学报》2015 年第 6 期。

徐长山：《消费方式：由不可持续向可持续转变》，《社会科学》2001 年第 3 期。

郇庆治：《生态文明概念的四重意蕴：一种术语学阐释》，《江汉论坛》2014 年第 11 期。

杨松茂：《生态消费：人类消费行为发展出深度思考》，《特区经济》2005。

杨庭硕、彭兵：《生态文明建设与文化生态之间的区别与联系》，

《云南师范大学学报》（哲学社会科学版）2015 年第 4 期。

杨庭硕：《苗族生态知识在石漠化灾变救治中的价值》，《广西民族大学学报》（哲学社会科学版）2007 年第 3 期。

杨夏玲，梅军：《苗族传统文化中的生态伦理观——以贵州省三都县盖赖苗寨为个案》，《怀化学院学报》2018 年第 4 期。

杨夏玲：《苗族传统生态知识的"场域表达"及其当代价值——以贵州省三都县盖赖村为个案》，《河西学院学报》2017 年第 3 期。

易小明：《关于价值概念的几个问题》，《马克思主义与现实》2014 年第 1 期。

尹华北，文国权：《消费文化与消费主义——与王埃亮先生商榷》，《理论月刊》2010 年第 7 期。

尹世杰：《生态消费的几个问题》，《求索》2000 年第 5 期。

余谋昌：《生态人类中心主义是当代环保运动的唯一旗帜吗》，《自然辩证法研究》1997 年第 9 期。

郁建兴：《关于马克思价值概念的商榷》，《哲学研究》199 年第 8 期。

袁贵仁：《价值与认识》，《北京师范大学学报》1985 年第 3 期。

张甜：《论生态消费观》，《重庆理工大学年第社会科学)》2013 年第 11 期。

章荣君：《乡村治理中正式制度与非正式制度的关系解析》，《行政论坛》2015 年第 3 期。

赵守运，邵希梅：《现行哲学价值范畴质疑》，《哲学动态》1991 年第 1 期。

周爱国：《经济的生态化转向》，《湖北社会科学》2002 年第 2 期。

周相卿：《黔东南雷山县三村苗族习惯法研究》，《民族研究》2005 年第 3 期。

朱捍华、季瑞国：《试论中国当代消费文化的现状和发展态势》，《西南民族大学学报》2007 年第 1 期。

三、学位论文类

陈文珍：《马克思人与自然关系理论的多维审视》，湖南师范大学博士学位论文，2012。

房尚文：《"生态消费"的马克思主义解》，复旦大学博士学位论文，2011。

李想：《人与自然和谐共生研究》，中共中央党校博士学位论文，2010。

刘贺：《当代世界社会主义的生态文化研究》，中共中央党校博士学位论文，2014。

刘艳：《和谐社会构建中的和谐消费研究》，湖南师范大学博士学位论文，2012。

田芯：《中国社会可持续发展的消费伦理研究》，大连海事大学博士学位论文，2013。

赵吉林：《中国消费文化变迁研究》，西南财经大学博士学位论文，2009。

图书在版编目（CIP）数据

共生理论视角下苗族传统生态消费文化研究／梅军，
包龙源著．－－北京：社会科学文献出版社，2019.6
ISBN 978 - 7 - 5201 - 4752 - 1

Ⅰ.①共…　Ⅱ.①梅…②包…　Ⅲ.①苗族－消费文
化－研究－中国　Ⅳ.①K281.6②D669.3

中国版本图书馆 CIP 数据核字（2019）第 075605 号

共生理论视角下苗族传统生态消费文化研究

著　　者／梅　军　包龙源

出 版 人／谢寿光
责任编辑／王　展

出　　版／社会科学文献出版社·皮书出版分社 （010）59367127
　　　　　地址：北京市北三环中路甲 29 号院华龙大厦　邮编：100029
　　　　　网址：www. ssap. com. cn
发　　行／市场营销中心 （010）59367081　59367083
印　　装／三河市龙林印务有限公司

规　　格／开　本：787mm × 1092mm　1/16
　　　　　印　张：13.25　字　数：181 千字
版　　次／2019 年 6 月第 1 版　2019 年 6 月第 1 次印刷
书　　号／ISBN 978 - 7 - 5201 - 4752 - 1
定　　价／98.00 元

本书如有印装质量问题，请与读者服务中心（010－59367028）联系

▲ 版权所有 翻印必究